アベノメディアに抗う

臺宏士

緑風出版

目　次

アベノメディアに抗う

序　章

安倍首相VSメディア

森友・加計学園を巡る朝日新聞と毎日新聞の報道記事

■安倍首相の朝日批判

二〇一八年の通常国会（一月二二日〜七月二二日）。安倍晋三首相は開会冒頭から苛立っているように見えた。開会前から政権を揺さぶる報道に見舞われ、そのはけ口を朝日新聞に向けているのは明らかだった。

「朝日は誤報した」

財務省近畿財務局が学校法人「森友学園」に大阪府豊中市の国有地を八億二〇〇〇万円も値引きし、一億三四〇〇万円で売却した、いわゆる「森友学園」問題は一七年一〇月の衆院選で自民党が圧勝したことで政治的には沈静化したかに見えていたが、それは、開会したばかりの国会での再燃を予感させる報道だった。

毎日新聞は一月二〇日朝刊で、財務省近畿財務局が森友学園との交渉について役所内部で検討した詳細な文書が存在することをスクープした。毎日新聞による情報公開法に基づく請求に対して近畿財務局が開示したもので、近畿財務局が一六年三〜五月に作成した「照会票」と「相談記録」だ。そこには、森友学園側が小学校建設のために借りていた国有地から廃棄物が出たことで、安値での買い取りを同局に持ちかけていたことなどが記されていたのである。売却担当者が法律上問題がないかを担当者に質問し、その回答が記載されたものだ。

そもそも「森友学園」問題は、朝日新聞が一七年二月九日朝刊で「金額非公表　近隣の一割か　大阪の国有地　学校法人に売却」（東京本社版では第二社会面で三段見出しの地味な扱いだった）と報じたことで発覚した。国有地の売却額については本来は公開が原則だが、この時点では近畿財務局は明らかにしなかった。佐川宣寿財務省理財局長（当時）は、売却交渉の経緯を示す文書については「廃棄した」と国会で答弁を繰り返していた。毎日新聞が開示を受けたこれらの文書は会計検査院にさえ提出が遅れ、一七年一一月二二日の国会への検査報告の前日だったという。

公文書だけでなく売却額を巡って森友学園側と近畿財務局職員が交わした会話の音声データの存在も共産党によって明らかになっている。学園側は「ゼロに近い形で払い下げを」と求めた。これに対して、近畿財務局職員が「ゼロに近い金額まで努力する」と明言していた。

財務省はそれまで交渉経緯を記載した文書はすでに廃棄し、価格交渉もしていないと答弁しており、文書や音声データの内容が事実だとすれば、財務省は虚偽の国会答弁をしていたことになる。官庁の中の官庁、霞ヶ関最強の官庁で起きた悪質な情報隠しだ。

麻生太郎財務大臣兼副総理は文書について「法的な論点について財務省近畿財務局での検討を行った資料だ。あくまで法律相談だ」とし、太田充理財局長は、音声データの内容について「金額のやり取り」であって「価格交渉」ではないとの答弁を繰り返した。国民にはいかにも官僚的な屁理屈にしか聞こえなかったのではないだろうか。

森友学園問題は、交渉記録文書の存在の有無をめぐって息を吹き返した形となった。なんと言っても森友学園が一七年四月の開校を目指していた「瑞穂の國記念小學院」の名誉校長に安倍首相の妻昭恵氏が就任しており、一七年二月に安倍首相は「私や妻が関与していたら、首相も国会議員もやめる」と大見得を国会で切っていたのである。野党が昭恵夫人の国会招致を求めるのは当然だ。

こうした事実が次々と明るみに出る中で、危機感を抱いたのだろう。安倍首相は気炎を吐く。「『安倍晋三記念小学校』との名で申請したと朝日新聞は報じ、民進党も、それを前提に国会で質問した。実際には『開成小学校』だった。裏付けを取らず、事実ではない報道をした」。これは、朝日新聞が一七年五月九日に報じた記事を指す。

安倍首相の朝日批判は、野党の追及かわしの意図が見え見えだった。毎日、読売は一八年二月一日朝刊で前日（一月三一日）の参院予算委員会での安倍首相の答弁を取り上げた。一月二九日の衆院予算委員会でも「真っ赤な嘘だった」と答弁、二月五日の衆院予算委員会でも「裏取りをしない記事というのは、これはもう記事とは言えないんです。ほとんどちゃんとした品質をなしていない」と批判は止まらなかった。

安倍首相の批判に答える形で朝日は二月六日朝刊に「小学校名報道、朝日新聞の取材経緯」という記事を掲載した。一七年五月の報道当時、財務省は森友学園が近畿財務局に提出した設置趣意書を非公開扱いにしていた。朝日は財務省が説明を拒んだため、籠池泰典前理事長に独自に確認し、籠池氏が証言した、と報じたという経緯を明かしている。この記事について、自民党の和田政宗参院議員が「謝れない朝日新聞」と「フェイスブック」に書いた。安倍首相は和田氏の書き込みに対して「哀れですね。朝日らしい惨めな言い訳。予想通りでした」と「フェイスブック」に投稿している。

しかし、籠池氏に安倍氏の名前の小学校を作りたいという意思のあったことは明らかで、実際に寄付金集めのための「払込取扱票」には、「安倍晋三記念小学校」と印刷されていた。財務省が一七年一一月に立憲民主党に開示した設置趣意書には「開成小学校」と記載してあり、実際とは違っていた。結果として誤報だったわけで、同月二五日朝刊でこの事実を報じた。当事者である籠池氏が証言したという形で報じたのは、当時としては妥当だったと言えるが（そもそもは民進党の福島伸享氏＝一七年一〇月の衆院選で落選＝が五月八日の衆院予算委員会で籠池氏から聞いた話として指摘した）、安倍首相の論法は一点を否定することで、あたかも問題そのものが全否定されたかのような立て方が特徴だ。安倍晋三記念小学校をめぐっては、財務省が一八年五月に公表した売却に関する資料の中から、森友学園側が小学校の認可申請先だった大阪府に対し、校名を「安倍晋三記念小学校」と説明していたことを示す記載が見つかった。一四年三月に財務省近畿財務局が大阪府を訪ねたときのやりとりの記録の中にあった。この時点で財務省に認識があったことは明らかなのだ。

それは、慰安婦にするために女性を強制連行した、と明かした故・吉田清治氏の証言記事を朝日が一四年八月に取り消したことで、あたかも慰安婦問題そのものがなかったかのような理屈を展開する〝ネトウヨ〟（ネット右翼）の理屈と重なる。

最強官庁の不祥事疑惑は情報隠しにとどまらなかった。さらに大きな波が押し寄せる。

「森友文書　書き換えの疑い　財務省、問題発覚後か　交渉経緯など複数箇所」――。朝日が一八年三月二日朝刊一面トップで報じたこの記事は、朝刊を手にした瞬間、この年の日本新聞協会賞に値する報道だと直感した関係者は少なくなかったのではないか。国有地の売却に絡んで財務省近畿財務局が一五年～一六年に森友学園との土地取引のために作成した契約当時の決裁文書と、一七年二月に問題が発覚したあとに財務省が国会に提出した文書の内容に違いがあるということを指摘する記事で、そこには同学園との取引について「特例的な内容となる」「本件の特殊性」「価格提示を行う」と書かれてあったという。朝日は「問題発覚後に書き換えられていた疑いがある」と指摘した。

安倍政権の基盤を揺るがしかねない大スクープである。安倍首相の朝日批判は急におとなしくなった。しかし、なぜかこの記事は一面に一本載っただけで、関連記事は別のどの面にもなかった。記事と一緒に掲載された写真も国会議員に開示された決裁文書のコピーだった。こうした中で朝日一紙だけの報道に、その真偽を問う声も上がり、民放の情報番組に出演する「識者」の一部からは、「財務省が書き換えるとは思えない。立証責任は朝日にある」などと政府をかばう発言も飛び出した。当時の「もやもや感」を覚えている人も多いのではないだろうか。

そうした状況を払拭したのが毎日新聞の報道だった。三月八日夕刊の一面に掲載された「別文書に『本件の特殊性』 近畿財務局 16年6月の通知」では、財務省が国会に提出したのとは別の決裁文書に「本件の特殊性に鑑み」「学園に価格提示を行う」――といった朝日が報じた決裁文書と同じ表現があることを特報した。

毎日が報じるまで朝日が入手した改ざん前の文書について、「朝日を貶めようとする壮大な企みではないか」と緊張した朝日関係者も少なくなかったのではないだろうか。

そして、朝日は翌九日の朝刊で「森友文書 項目ごと消える 貸付契約までの経緯 売却決裁調書 7ページから5ページに」との続報を一面トップに掲載した。財務省は改ざんを認めざるを得なかった。財務省ではかかわった担当職員の自殺者まで出たが、これは自殺ではなく、財務省による組織殺人ではないだろうか。

朝日と毎日のこれらの報道で思い浮かべたのが、米国防総省の「ペンタゴン機密文書」を巡る『ニューヨーク・タイムズ』と『ワシントン・ポスト』の報道である。先んじて報じたニューヨーク・タイムズは、ニクソン大統領が同紙に報道の禁止を求めるとともに、記事の事前差し止め命令を出すよう裁判所に訴えたことで、続報を書くことができなくなった。同紙が苦境に陥る中で、ワシントン・ポストを皮切りに報道各社が後を追った。折しも一八年春に公開されたスティーヴン・スピルバーグ監督の「ペンタゴン・ペーパーズ」の題材にもなった。朝日は三月二日と九日の報道で二〇一八年の日本新聞協会賞（編集部門）を受賞したが、毎日もＧｏｏｄ　Ｊｏｂ！　だったと思う。会計検査院が一七年一一月にまとめた検査報告に疑問符がついた形となり、検査院は一八年一一月二二日に追加検査の結果を参院予算委員会理事懇談会に提出した。会計検査院は、改ざんした決裁文書を検査院に提出した財務省の行為に対し、会計検査院法に違反すると認定したものの、肝心な改ざんの背景への言及はなかったという。検査院は通常の検査結果とは異なるという理由でホームページでは公開しないという。

■「森友・加計問題」でスクープ相次ぐ

二〇一七年～一八年は注目すべき報道が相次いだ。

朝日の特ダネは続く。学校法人「加計学園」が愛媛県今治市に獣医学部を新設する計画をめぐって、二〇一五年四月に県や市の職員、学園幹部と面会した柳瀬唯夫首相秘書官（当時）が「本件は、首相案件」と述べた、と記録した県の文書の存在を報じた（二〇一八年四月一〇日朝刊）。柳瀬氏はこれまで関係者との面会を否定していた。

ＮＨＫも特報を重ねた。一七年三月一五日のＮＨＫは、南スーダンに派遣されたＰＫＯ部隊の活動状況を記録した派遣部隊作成の「日報」が陸上自衛隊に保管されていたことをスクープした。防衛省は一六年七月に大規模な戦闘が行われるなど急速に悪化した現地の治安状況を記した日報については、すでに破棄されたとして情報公開請求に対し非開示（不存在）としていた。ところが、その翌一七年二月になって陸上自衛隊では破棄したが、別の組織である統合幕僚監部では保存していたことを明らかにした。防衛省幹部は一八年一月の時点で陸自内での保存を把握していたが、「今までの説明と矛盾する」として破棄したままにすることになったという。」

ＮＨＫは、一八年四月四日には森友学園問題に絡み、財務省の職員が同学園側に「トラックを何千台も使ってごみを撤去したと言ってほしい」などと虚偽の説明をするよう口裏合わせを依頼していたことを報じている。このニュースを手がけた相澤冬樹氏は、翌五月に取材部門ではない考査部に異動の内内示を告げられた。八月末にＮＨＫを退職し、九月一日からは、新日本海新聞社（鳥取市）傘下の『大阪日日新聞』の論説委員に転職した。

ところで、ＮＨＫでは二〇一七年一月、会長が三井物産出身の籾井勝人氏から、経営委員で三菱商事出身の上田良一氏に交代した。

「慰安婦はどこの国にもあった」

「（国際放送は）政府が右と言っているのに左というわけにはいかない」

「特定秘密保護法は通っちゃったんだからしようがない」

一四年一月二四日の就任記者会見で波紋を広げたこれらの籾井氏の発言は、三年間の任期中に相次いだ自らの〝不祥事〟の先取りとも言えたが、一七年一月一九日の最後の会見でも「私は悪いことをしていません」と言いたい放題だった。

財務省の文書改ざん、柳瀬首相秘書官の首相案件、防衛省の日報隠し、そして口裏合わせ――。これまで幾重にも重ねた嘘がいずれも報道機関の取材によって覆された。ファクト・チェックという言葉が流行しているが、チェックの対象となるファクトを調査報道で暴いたわけだ。

新聞、テレビだけでなく週刊誌報道も光っていた。

総合月刊誌『新潮45』では人権感覚を疑わせる寄稿の掲載が問われた新潮社だったが、同社の『週刊新潮』が一七年五月と一八年四月の二回にわたって報じた性暴力・セクハラ問題についての報道は、週刊誌の強みを生かした問題提起だったと思う。一つは『Ｂｌａｃｋ Ｂｏｘ』（文藝春秋）の著者・伊藤詩織氏が元ＴＢＳワシントン支局長から受けた性暴力被害を告発した「『安倍総理』ベッタリ記者の『準強姦逮捕状』被害女性が告発！『警視庁刑事部長』が握りつぶした」（一七年五月一八日号）。もう一つは、テレビ朝日記者が明かした、福田淳一・前財務省事務次官によるセクハラ被害を報じた『ろくでもない『財務事務次官』のセクハラ音源『森友危機』の折も折！」（一八年四月一九日号）だ。

一方、首をかしげる報道もあった。

東京メトロポリタンテレビジョン（東京ＭＸテレビ）が一七年一月に放送した「ニュース女子」の沖縄基地特集や、産経新聞――特にインターネット版の記事――などだ。これらの問題点については第７章「メディアが煽るヘイト」で取り上げる。

読売新聞による文部科学省事務次官を務めた前川喜平氏の「出会い系バー」報道（一七年五月二二日読売朝刊社会面「前川前次官　出会い系バー通い　文科省在職中、平日夜」）は、日本の新聞記事としては異例のスキャンダル報道だった。朝日新聞が五月一七日に「新学部『総理の意向』　加計学園計画　文科省に記

録文書　内閣府、早期対応求める」とスクープし（第6章「『総理のご意向』の舞台裏」の項参照）、安倍政権が必死に否定していた時期で、首相官邸筋から読売新聞に情報提供がもたらされ、安倍政権への批判の矛先をかわす狙いがあったのではないか——という憶測が広がった。

読売新聞は、特定秘密保護法や安保法制といった新聞界の論調が二分するようなテーマにあっては常に安倍政権を支持してきた。読売新聞一七年五月三日朝刊は一面トップで、安倍首相が二〇二〇年施行を目標に自衛隊の根拠を示す規定を設ける憲法改正のスケジュールを同紙との単独インタビューで明らかにしたことを報じた。この記事の内容をめぐっては、五月八日の衆院予算委員会で長妻昭氏（民進）がただしたことに対して、安倍首相は「自民党総裁としての考え方は、相当詳しく読売新聞に書いてあるので、熟読してもらってもいい」と述べたり、一八年三月三〇日に東京ドームで行われたプロ野球巨人—阪神の開幕戦を安倍首相は観戦し、渡邉恒雄・読売新聞グループ本社主筆も同席するなど読売はとりわけ安倍首相との距離が近い。そういう関係もあって各方面から批判や取材が読売に殺到したらしい。読売は六月三日朝刊で、東京本社の原口隆則社会部長名の記事を掲載した。

〈次官在職中の職務に関わる不適切な行動についての報道は、公共の関心事であり、公益目的にもかなうもの〉

〈不公正な報道であるかのような批判が出ている。批判は全く当たらない〉

〈独自の取材で（略）つかみ、裏付け取材を行った〉

萩生田光一官房副長官は五月三一日の衆院農水委員会で「政府として情報を収集し、マスコミにリークしたという事実はない」と否定した。「独自の取材」とはどういうことなのか。どのようなルートで情報が読売に寄せられ、社内のどういう地位の人物が記者へ取材を指示したのか。真相は明らかになっていない。ただ、取材現場にいる一線の記者が自発的に報じようとしたネタだとはとても思えない。

「ペンタゴン・ペーパーズ」で、スピルバーグ監督は役者たちに次のようなセリフをいくつも言わせている。

――報道の自由を守るのは報道しかない

――新聞記事は歴史の最初の草稿

――新聞が向いているのは政府ではない、国民だ

世界中の報道関係者に向けたメッセージに違いない。

そして安倍首相には次の言葉を贈りたい。報道人なら誰もが知っている言葉である。

〈権力は腐敗する、絶対的権力は絶対に腐敗する――ジョン・アクトン〉

〈新聞なしの政府と政府なしの新聞、いずれかを選択しろと問われれば、私は少しも躊躇せずに後者を望むだろう――トーマス・ジェファーソン〉

本編の大半は、不都合な情報を隠蔽しようとする安倍政権下での統制の流れに抗おうとする人たちにインタビューした記録である。

第1章

菅さん！トウキョウ、モチヅキです

望月衣塑子（東京新聞社会部記者）

望月衣塑子さんと元朝日新聞編集委員の竹信三恵子さんが対談した「ペンは負けない カメラは見逃さない ――ジャーナリストの良心宣言2018――」＝2018年7月1日、東京都千代田区の法政大学で

一国の行く末を握る政権中枢の人物に対する記者会見はどうあるべきなのか。公権力の行使を監視する役割を担うジャーナリズムは、国民の知る権利に応えられているのか。

東京（中日）新聞社会部の望月衣塑子記者は平日の午前と午後、一日二回、首相官邸で開かれる菅義偉官房長官の記者会見にどちらか一回欠かさず出席して、政治部記者に囲まれる中で厳しい質問を浴びせ続けている。望月記者の存在は、「安倍一強」の下にある政治ジャーナリズムの課題を浮かび上がらせている。

■突然の会見打ち切り

〈最近菅官房長官の会見打ち切りが続く。今日は 幹事社のテレ朝記者が、朝日の南彰記者が森友疑惑で「国会答弁との整合性含め、説明責任を果たすつもりか」と問い挙手する中、質問を打ち切る。追及を拒む官邸に同調し、権力監視とは程遠い行為に目を疑う〉

二〇一七年九月一二日。望月記者は、短文投稿サイトの「ツイッター」にそう書き込んだ。この日の記者会見で菅官房長官は、学校法人「森友学園」（大阪市淀川区）に国有地が格安で払い下げられた問題に関する質問に対し、大阪地検による捜査中であることを理由に「コメントを控える」と繰り返した。重ねて質問しようとする朝日新聞政治部の南彰記者＝当時、現日本新聞労働組合連合（新聞労連）委員長＝が手を挙げているにもかかわらず、幹事社として進行役を務めるテレビ朝日の記者が「（質問をさせなくて）いいですか」と官房長官の意向を確認すると、菅官房長官は「（指名しなくて）いいでしょ」と言って、一方的に会見を打ち切ったことを取り上げたものだ。

〈八月に菅長官側から「後何人、後何問まで」と会見の打ち切りを内閣記者会に打診、そして耳を疑ったが、その打診に内閣記者会が応じてしまったようだ。以降、質問は打ち切られるように。メディアの自殺行為ではないか〉

〈政府の公式見解を聞くことが大切である一方、官房長官会見は、国民の疑念や疑問を率直にぶつけ、政権中枢部に、その姿勢を問うことができる大切な場でもあるはずだ。その場をメディア自らの判断で、政権の意に添い縮めるのを認めてしまった。後世の会見にも禍根を残すことに繋がらないのか〉

望月記者が何度も投稿し、問題視するのには理由がある。それは、官房長官の記者会見は形式的には、新聞・テレビの政治部記者で主に組織する内閣記者会が主催者となって開かれている。慣例として記者から質問を求める手が挙がっている限り官房長官は、指名し続けなければならない。この点は、会見運営の主導権が事実上、官邸側にある首相の記者会見と大きく異なる。質問する内容に限定はない。記者が聞きたいことを余すことなく質問できるというのは、長い官邸取材の積み重ねの中で記者会が獲得してきた公的情報を引き出す貴重なルートの一つなのだ。ただし、指名するのは、官房長官自身だ。

一方、公人中の公人である官房長官には多くの仕事が待ち受けている。無制限というわけではなく、おおむね五分から、長くても三〇分ほどというのが通例で、記者の質問も一人数問にとどまっていた。

これが二〇一七年六月からの望月記者の登場で様相が一変した。

安倍晋三首相が「腹心の友」と呼ぶ加計孝太郎氏が理事長を務める岡山市の学校法人「加計学園」による愛媛県今治市での岡山理科大学の獣医学部新設をめぐり、朝日新聞は二〇一七年五月一七日朝刊で計画に難色を示す文部科学省に対して内閣府が「官邸の最高レベルが言っている」「総理のご意向」などの言葉を使って開設を急がせる様子を記載した文科省の内部文書の存在を報じた（第6章「現『総理のご意向』の舞台裏」の項参照）。文科省は一九日に、半日の調査で「文書の存在を確認できない」と発表したが、その後の二五日には、前文科省事務次官の前川喜平氏が記者会見し、文書の存在を証言した。文科省の現役職員による報道各社の取材に応じる形での内部告発も続いた。それでも菅官房長官は「出所不明の怪文書」だとし、文科省も再調査を突っぱねていた。

こうした状況の下で望月記者は、官房長官の記者会見に乗り込んだわけだ。

「これほど多くの証拠や証言が出てきているのにもかかわらず、再調査しない政府の説明は、納得がいくものではありませんでした。官房長官の会見も淡々とした質問ばかりで、問題の本質に切り込む質問はなく、官邸の内と外の温度差はあまりに大きかったのです。それならと国民の疑問や怒りを自分で直接ぶつけようと思いました」

菅官房長官は六月八日の会見で、再調査を迫る望月記者に対して繰り返し必要性を否定した。しかも同じ文言で。

――もう一度真摯にお考えになって、文書の公開、第三者による調査というのは、お考えじゃないですか

〈我が国、法治国家ですから、その法律にもとづいて、適切に対応している。こういうふうに思います〉

〈文部科学省において検討した結果、出所や入手経緯が明らかにされていない文書についてはその存否や内容なども確認の調査をおこなう必要がない。そのように判断をしたということです〉

堂々巡りの質疑に司会側からは「同趣旨のご質問を繰り返し行うのは、やめて頂きたいと思いますので、お願いします」との要請もあった。

「きちんとした回答を頂けていると思わないので、繰り返し聞いています」――。望月記者がそう言って、菅官房長官にぶつけた質問は、一人で二三回（全体では三四回）を数え、時間も四〇分に及んだ。「会見後に官邸の雰囲気は少し変わり始めたように思う」。望月記者はそう明かした。菅官房長官は午後の会見後、いつもなら番記者と行うオフレコでの会見を行わずに、そのまま総理執務室に駆け込んでしまったというのだ。このころから、再調査への流れができ始めたとされる。

その八日夜、テレビ朝日の「報道ステーション」は、この質疑の様子を国会審議が再開した共謀罪法案に続く二番手の扱いで約九分間にわたり大きく取り上げた。続くＴＢＳの「ＮＥＷＳ23」でも約四分間報じている。二つの番組ともに質問する複数の記者の名前を報じたわけではないが、視聴者の反響は大きか

った。舌鋒鋭い記者の追及を受けて当惑の表情を見せる菅官房長官に多くの視聴者は、政府による隠蔽の臭いを感じ取ったのではないだろうか。翌六月九日、政府は再調査を表明した（六月一五日に文部科学省は「見つかった」と発表した）。

菅官房長官に対するひるまぬ追及をする記者の質問の様子を放送し、それを見た世論が政治を動かしたということになる。望月記者が新たな記者会見像を提示したということははっきりしている。従来の報道基準に照らせば、これまでと同じことを繰り返す官房長官の会見発言は「ニュース」ではない。事実、肝心の東京新聞政治部は記事にしていない。あえて言えば、記者が記事にできると判断した情報だけが読者、視聴者が共有すべきニュースであると考える時代は過去のものになりつつあるということだろう。

望月記者は、自分の会見での質問の姿勢についてこう振り返る。

「国民の目には、菅官房長官は疑惑に対して何も答えられていないし、真摯に応えようともしない人なんだと映ったと思います。あるテレビ局のプロデューサーは『このくらい厳しく質問をしても良いんだという空気が局内に生まれた』と言ってくれました。実際に自分の会社の担当記者に対して会見で重ねて質問するように指示したと聞きました」

インターネットを通じて記者会見を見られるようになった今日、記者がどのような質問をぶつけているのかという姿勢もまた国民の知る権利に応えるためのジャーナリズムの役割の一つになったことを示す象徴的な出来事だったのではないだろうか。

菅官房長官の記者会見が終わった後に望月記者は、他社の政治部記者から苦情が来たことを知らされた。「官房長官がいつものオフレコ会見をしませんでした。このため番記者の一部にはこのまま私に自由に質問をさせ続けたらオフレコ会見をしなくなるのではないか。さらに公式会見もなくなるのではないかと心配したのだと思います」

この時の内閣記者会内部の動きを日刊ゲンダイは、官邸担当記者の話として「（望月記者は）場を乱しすぎた。それで、記者クラブの総意として、東京新聞に抗議するという話が出たのです」と書いた。見出しは「記者クラブが官房長官に忖度の愚」だった。

のらりくらりとかわす菅官房長官に食い下がる記者に対して圧力めいた抗議をすることは大人げないと感じたのだろう。内閣記者会の総意という形にはこの時はならなかった。しかし、冒頭で紹介した会見の打ち切りまでにはどういう経緯があったのか。

菅官房長官は、官邸からの記者会に対する質問打ち切りの打診について、望月記者に「そうしたことは全くありませんし、答える必要はないことだと思う」と否定し、「公務との関係で（会見時間が）長くなった場合、政府から質問数についてお願いすることはあるが、あくまでも最終的には記者クラブの判断だ」と答えている。実に巧妙な言い回しだ。

幹事社のテレ朝記者は、菅官房長官の意向を忖度したのだろうか。

■「望月封じ」の新ルール

「官房長官会見は、二〇〇八年の福田内閣以降、五〇〇回くらい見てきましたが、初めて見る光景でした。今まで経験したことのなかった異変が起きたのです」

九月一二日にあった南氏への質問打ち切りから約三カ月後の一二月一四日。東京・神田神保町の専修大学で国際人権団体・ヒューマンライツ・ナウが「今、問われるメディアの独立と報道の自由」をテーマに開いたシンポジウムで、南彰氏は驚きをそう表現した。この光景とは、さらに二週間前の八月三一日の菅官房長官での記者会見でだった。

南氏によると、内閣記者会が主催する記者会見は、幹事社が質問するために手を挙げる記者がいないことを確認し、「よろしいですか?」と重ねて同意を求める。この発言を受ける形で、司会役の首相官邸の報道室長が「ありがとうございました」と引き取り、会見は終了するという。「この二つがセットになって初めて記者会見は終了する仕組みになっています」

八月下旬の北東アジアは、米韓が合同軍事演習を行ったり、北朝鮮が発射した弾道ミサイルが北海道上空を通過するなど緊迫した中にあった。そのわずか一〇カ月後の一八年六月にトランプ米大統領と金正恩朝鮮労働党委員長が会談するなど友好ムードに一転するとは誰もが考えられない状況だった。

「北朝鮮問題に関する質問をしていた望月記者がまだ質問があるということで手を挙げていました。最前列に座っていた幹事社が『よろしいですか』と言って報道室長が『ありがとうございました』と言ってそこで会見が終わってしまったのです。ただこのときは私も望月記者も記者会見場の後ろの方の席にいたので幹事社が気づかなかったのかもしれないと思いました」

ところが、その後も望月記者が質問をすると、一問か二問で終わることが続いたという。そして九月一二日の記者会見を迎える。

「『これで幹事社が気づかないということはないだろう』とだいぶ前の方に移りました」

森友学園問題の質問が南氏、望月記者と続くが、捜査中でコメントできないという言葉が繰り返された。「もうちょっと深めたいと思って『すいません』と声を出して手を挙げたのです。官房長官は幹事社の方を見て『もういいでしょ』とつぶやくと、幹事社は押される形で『よろしいですか』と声を出すと、すかさず報道室長が『ありがとうございます』と言って会見は終わってしまったのです。八月三一日の望月記者のときとは違って今度は明確に官房長官と幹事社、報道室長は手を挙げていることを認識しながら打ち切ってしまいました」

どうしてこういうことができるようになってしまったのか驚いたというわけだ。

望月記者が六月から会見で質問するようになって以降、会見時間はそれまでよりも長くなる傾向にあった。しかし、それ以上に菅官房長官自身も執拗な追及に辟易していたのは明らかで、八月二日の記者会見では「この会見場はあなたの要望にお答えすることではありません。事実に基づいた質問に答える場所であります」といらだちを隠さなかった。

「菅官房長官自身も（朝日新聞がスクープした「総理のご意向」文書を）『怪文書』だと問題発言をしたり、いろいろ疑惑が起きたときにはこれまでは『全くありません』というコミュニケーションを遮断するような形でかわしてきましたが、（望月記者が質問するようになり）それが通用しなくなり、自分が矢面に立たされ、しんどくなってきたのではないかと思います」

官邸側が「もう少し記者会見を簡略化できないか」と打診し、記者側は時間制限は受け入れられないとした。さらに官邸側から、「報道室長が『公務があるのであと一、二問でお願いします』と断りを入れるのはどうか」と提案があり、記者側が「それを受け入れましょう」となった。ただし、番記者は適用外で手を挙げる限り、菅官房長官は指名し続ける——。そうしたやりとりがあったらしいという。

南氏は「記者クラブ全体というよりも当時の番記者を中心に幹事社と官邸で話をして新しいルールがお盆休み中に作られたことがわかりました。いわば望月さん封じのルールだと思います」と明かした。

南氏は新ルールの危険性をこう語る。「問題点は二つあります。一つは、望月さんのように官邸にしっかり問いただしたいという記者が現れない。また現れても質問ができないということ。もう一つは、いずれは番記者にも適用されることになるのではないかということです。番記者が厳しい質問を始めたときに『公務があるので』という形で打ち切られる状況がいずれ出てくるのではないかと思います。望月さんという特定の記者に対するルールということではなくて、記者一人一人の問題として考えていく必要があります。ルールも元に戻すという方向で見直していかなければと思います」

望月記者の「参戦」によって追及を逃れたい菅官房長官は、記者会見の打ち切りという新ルールを記者側にのませることに成功したわけだ。これは明らかに取材妨害である。望月記者に対する「敵意」は官邸からだけではなかった。記者会見場に座る同じ記者からも矢を向けられていた。

■憎悪に歪むメディア

全国紙の五紙の中にあって政府寄りの論調が色濃いのが産経新聞だ。第二次安倍政権下では特定秘密保護法や安全保障法制、辺野古新基地建設や憲法改正といった新聞の論調が割れた問題では、常に政府・与党の政策を支持する立場から報道してきた。ここにきて強めているのが政府に批判的な新聞記者や新聞社に対するネガティブキャンペーンだ。

安倍政権のスポークスパーソンである菅義偉官房長官を相手に、舌鋒鋭く質問を記者会見でぶつけ続けている東京新聞の望月衣塑子記者に対する報道ぶりは特にすさまじい。二〇一七年六月から半年足らずで三〇本ほどにも及んだ。実に一カ月に五本ほどのペースだ。その後も掲載ペースは遅くなったものの、記事は積み重なり続けている。大物政治家並みの関心の寄せようなのだ。もちろん好意的な立場からではない。

菅義偉・官房長官の記者会見に参加した経緯を明かす望月衣塑子・東京新聞記者＝2017年12月14日、神田〉東京・神保町の専修大学で

「山尾志桜里氏、疑惑弁護士と大阪出張の文春砲　女性セブンでは望月記者と大放談、不倫疑惑をすり替え」――。

これは、産経新聞が二〇一七年一一月二一日、インターネット版「産経ニュース」に掲載した記事のタイトルだ。小学館の週刊誌『女性セブン』(二〇一八年一一月二九日・一二月七日号、一一月一六日発売)に掲載された、山尾衆院議員と望月記者の対談にかみついた。

同誌の対談は、学芸大学附属大泉中・高校の先輩(山尾氏)、後輩(望月記者)の仲という二人の少女時代の思い出話から始まり、山尾氏は「プライベートに土足で入られてもやるべきことは変わらない」、望月記者は「空気を読まずに空気を変える」とのそれぞれのコメントが見出しにもなっている。

〈この対談は〝スキャンダル〟だ!〉との見出しはいかにも週刊誌的だが、国会議員や新聞記者として活動するにあたって疑問に抱いたことを語り合うという、よくある体裁の記事だった。しかしながら、産経は気に入らなかったらしい。産経は「対談では終始、男性社会と安倍政権が批判されている。公人である山尾氏をジャーナリストの望月記者が追及する姿勢は見受けられなかった」と皮肉った。記事は無署名だった。

望月記者が菅官房長官の記者会見に初めて出席したのは二〇一七年六月六日だ。学校法人「加計学園」(岡山市)の獣医学部の新設問題に絡み、「総理のご意向」と書かれた文部科学省の内部文書や、その存在を証言した前川喜平・前文科事務次官の辞任について質問した。産経ニュースがこれ以降に報じた記事の本数は、確認できただけでも三八本にも上る。望月記者の実名が記載された記事が三〇本、望月記者と思われる東京新聞記者、東京新聞社会部記者といった表記の匿名記載が八本あった(二〇一八年一二月一二日現在)。大半は、「産経ニュース」向けの記事で、新聞紙面での実名記事は産経新聞の記事データベース(DB)で検索したところ、九本だけだった(同年一二月一二日現在、東京朝刊)。

ネット版の産経ニュースの記事の特徴は、一本の記事の分量も多いだけでなく、その取り上げた方も

「憎悪」に満ちた内容が大半を占めている。

最も早い記事となる二〇一七年六月六日付のタイトルは「【加計学園問題】菅義偉官房長官と記者、前川前事務次官めぐり〝バトル〟」で、この時は、新聞社名だけで実名では報じられていない。その後も「菅義偉官房長官、東京新聞記者に『事実か確認して質問を』と苦言」（六月二八日）などと続き、七月一八日の「【安倍政権考】官房長官の記者会見が荒れている！　東京新聞社会部の記者が繰り出す野党議員のような質問で」では初めて実名報道された。

記事を書いたのは、政治部の広池慶一記者。この記事について望月記者は著書『新聞記者』（角川新書）の中で「まるで私をクレーマーのように思わせるタイトルには、さすがにカチンときた。記事そのものは淡々とした筆致だったので『まあ、いいか』と最終的には無視した。それにしても、いったいどこを向いて新聞記者という仕事をしているのか、と言いたい」と言及している。広池記者は、その「荒れている」記者会見の主役である望月記者が質問をぶつけた直後に文部科学省が内部文書の追加調査をすることに方針転換するという「成果」があったことには触れていない。フェアではないだろう。このときの質疑は、テレビ朝日やTBSの報道番組で大きく取り上げられ、望月記者が一躍注目を集めるきっかけとなった。

八月に入っても望月記者のやまぬ質問に「東京新聞記者VS菅義偉官房長官　七連発の波状攻撃に菅氏の回答は…」（八月一日）、「東京新聞記者に朝日新聞記者が〝加勢〟菅義偉官房長官に同趣旨の質問攻め会見時間の半分を浪費」（八月一〇日）、「【北ミサイル】『金正恩委員長の要求に応えろ』…⁉　東京新聞記者が菅義偉官房長官にトンデモ質問」（八月三一日）と続く。この記事が産経朝刊に掲載された九月一日、官邸報道室の上村秀紀室長は、東京新聞政治部次長（官邸キャップ）に対して「未確定な事実や単なる推測に基づく質疑応答がなされ、国民に誤解を生じさせるような事態は、当室としては断じて許容できない。再発防止の徹底を強く要請する」と望月記者を断罪する内容の文書を出した。

なぜそのような事態になったのか。発端は一週間ほどさかのぼる。加計学園の獣医学部新設をめぐり、文部科学省の「大学設置・学校法人審議会」は八月二五日に認可の是非の判断を保留し、審査を続けると発表した。この審議会が正式公表する前となる二五日の午前の官房長官記者会見で、望月記者が「今回学校（加計学園）の認可の保留という結果が出た」と質問の際に触れたことが問題だということなのだった。

文書は「未確定な事実や単なる推測に基づく質疑応答」としているが、「認可保留」という情報は、実はすでに八月九日の審議会（非公開）を受けて、報道各社が一斉に報じている内容で、産経新聞も八月一一日朝刊で「加計獣医学部の判断保留　設置審　文科相答申延期へ」と書いている。

しかも、八月二五日の午後には正式発表を控えている情報を文部科学省は「記者会見の場という公の場において言及されることは、当該質疑に基づく報道に至らなかったとはいえ、事前の報道と同一のものとみなし得る行為であり誠に遺憾」（三木忠一広報官）と八月三一日付の東京新聞宛ての文書の中で不快感をあらわにしている。情報の解禁を前にした報道はこれまでも口頭での注意があることはあったようだ。ところがこの件に関しては、東京新聞は報道もしていないのに文書による抗議という過剰とも思える反応だったのだ。先にも書いたが八月九日の審議会を受けて報道各社が報じたことに対しては、官邸や文部科学省は、何のクレームもつけなかった。あえて言えば、望月記者のミスを虎視眈々と政府は待っていたのではないかと勘繰りたくなる出来事だった。

産経は「首相官邸広報室、東京新聞に注意　菅義偉官房長官会見での社会部記者の質問めぐり」の記事を九月一日に掲載した（新聞は二日朝刊、傍点は筆者）。
そして、こうした記事が出た後の四日（月）午後九時ごろ、東京新聞の代表電話に中年の男とみられる人物からの電話があった。「ネットニュースに出ている記者は、なぜ政府の言うことに従わないのか。殺してやる」――。そういう内容だったという（日刊ゲンダイ九月一三日）。
この殺害の予告電話については、菅官房長官の記者会見（九月八日）でも質問が出ている。質問をしたのは、インターネット情報サイト「ＩＷＪ」での発信をしている岩上安身氏だ。要約を紹介したい。

岩上氏　東京新聞本社にですね、電話で男性の声で「望月記者を殺害する」という殺害予告、テロ予告の電話が入っております。これは明白な脅迫であり、テロ予告であり、殺人予告であり、その内容には「官房長官の会見で」と言っていることとか、あるいは「政府から規制されているのに」とかそれに対して従わないということに対して、非常に不満を持っていて「殺してやる」と繰り返し言ったと。言論機関に対する脅迫、そして殺害予告と、かつての朝日新聞の阪神支局の襲撃事件を思わせるようなことなので、こういうことについて、官房長官として政府の姿勢としてこうしたことは断じてあってはならないというメッセージを国民に広く向かって発していただきたいと思うのですがいかがでしょうか。

菅官房長官　それは当然のことじゃないでしょうか。

岩上氏　当然というのは、どういうことでしょうか。

菅官房長官　そうしたことはあってはならない、我が国において。それは当然のことだと思いますよ。

岩上氏　官房長官のお言葉でお願いします。
菅官房長官　官房長官として、これはごく当然のことを今あってはならないことですから、それはもう申し上げました。そういうことがあったら、当然警察に届けるなり捜査する。これはそういうことだと思いますよ。

政府の言論テロへの姿勢を問う岩上氏の質問に対して、菅官房長官の言葉は何とも頼りないように映る。ところで、話は六月にもどるが、菅官房長官をめぐってはこんな記事が『週刊新潮』（二〇一七年六月二二日号）に掲載された。タイトルは「『女性記者』の身辺調査を指示した官邸の強権」。匿名の官邸関係者が語っている。

〈菅さんが官邸スタッフに、警察組織を使って彼女の身辺調査をするよう命じました。というのも、以前から法務省関係者や警察官などに赤ワインを贈ることで食い込んでいるという噂があったので、そのネタ元をリストアップしろという指示です。さらに、取材用のハイヤーをプライベートで使っていたことはなかったかということまで調査対象になっている〉

望月記者は『新聞記者』の中で、取材経費の使い過ぎを会社から注意を受けたことがあると明かしている。東京地検特捜部担当だった二〇〇四年にはじけた「日歯連事件」の取材で、ハイヤー代と関係者との会食代が突出していたという。前川喜平・前文部科学省事務次官が「出会い系バー」に出入りしたことを読売新聞が二〇一七年五月二二日朝刊で報じた後、公安警察出身の杉田和博官房副長官が、文部科学省に在職中の前川氏に厳重注意していたことを菅官房長官は、五月二六日の会見で認めた。週刊新潮が発売された六月一五日の時点で官邸がすでにかなり深く東京新聞社内の情報を把握していたということになるのだろうか。初めて質問した日から一〇日もたっていない。

そもそも真偽不明のネガティブな個人情報をあえて週刊誌などに流すことは、政権に不都合な人物に「圧力」を加える手口の一つと言われている。望月記者はこの点について「身辺を調査されたような形跡はありません。ただ、周りの人たちからは注意した方が良いと助言されます」と話していた。

望月記者の殺害を予告した人物が産経新聞のニュースに触発されたのかどうかはわからない。しかし、報道に携わる同じ仲間が言論テロの脅威にさらされているのだ。深刻な事態になった中で産経新聞はどのように報じたのか該当記事を探したが、見つけることができなかった。

こうした産経新聞の報道ぶりが原因で産経新聞の新潟支局記者が取材拒否を受けるという出来事も起きた。

二〇一七年九月二五日に新潟市のホテルで望月記者が講演をすることになった。テーマは、著書もある日本の武器輸出についてだった。産経記者がホテルの会場受付に行ったところ、主催者である新潟県平和運動センターの「産経がいると望月記者が話しづらい」との判断で会場に入れなかったという（一〇月六日「『産経がいると話しづらい』『テロリストと同じ』記者はこうして東京新聞・望月記者の講演会取材を拒否された」）。この記事は、三〇〇〇字にも及ぶ長文だ。筆者は、太田泰記者。

産経新聞の「望月記者報道」が、マスメディアの関係者以外へも影響を及ぼしている例だろう。

太田記者は記事の最後を「本紙に対し、主催者の新潟県平和運動センターが行った非常識な対応は、失望しか覚えない。機会があれば、大学や新聞記者の後輩、また、産経新聞の記者としても、望月記者の講演に対する取材機会を得たいと思う」と結んでいる。その後太田記者は、その機会を得られたのだろうか。もし、得られたのならぜひ記事で感想を報告してほしいと思う。

産経新聞に対して、望月衣塑子記者に関する一連の報道について文書で聞いてみた。

質問は、

①他の新聞等マスメディアに比べると、望月記者を取り上げた記事が非常に目立ちますが、どのような点に報道する価値があると御社は考えているのかをお教え下さい。また、ウェブサイトには掲載されたものの、新聞紙面には掲載のない記事もあります。この扱いの違いについてもお教え下さい。

②九月八日の菅官房長官の記者会見で望月記者に対する脅迫電話についての質問が出ました。これに関する記事は見つけられませんでした。記事にしていなかったのであれば、報道の価値がなかった理由をお教え下さい。

③望月記者は、著書『新聞記者』(角川新書)で、七月一八日付「【安倍政権考】官房長官の記者会見が荒れている！　東京新聞社会部の記者が繰り出す野党議員のような質問で」を取り上げています。その中で「いったいどこを向いて新聞記者という仕事をしているのか、と言いたい」と記事に対して反論しています。この反論に対する御社の考えをお教え下さい。

——の三点だ。

産経新聞社広報部から来た回答は次のようだった。

①②については「編集に関することにはお答えできません」。③についても「お答えする考えはありません」。

事実上、ゼロ回答だった。広報部長は村雲克典氏だった。

私がかつて所属していた毎日新聞社が外部からの取材に対してどのような対応をしていたのかは知らないが、マスメディアは総じて取材に対しては、極めて閉鎖的である。産経新聞の私に対するような回答は決して珍しくない。他人の情報を入手するのには熱心だが、自らはまともに取材に応じないという姿勢で、報道機関として読者の理解を得られていると考えているのだろうか。

■菅氏「質問に答える場でない」

「国会で述べた通りです。ここは質問に答える場じゃないと私は思います。いずれにしろ、政府見解というものを事実に関連して質問していただきたいというふうに思います。国会で答弁するということは非常に重いことです。ここでそれ以上のことを話すのは控えたいと思います」

菅義偉官房長官は、望月記者の度重なる追及に苛立ったのだろう。不快感をあらわにしながらの耳を疑うような発言だった。二〇一七年八月八日の記者会見で望月記者が質問したのは、加計学園の獣医学部新設をめぐって国家戦略特区ワーキンググループ（WG）が特区の指定を提案している愛媛県や今治市に行ったヒアリングについてだ。そこには三人の加計学園関係者が同席し、発言していたにもかかわらず、W

Gが一七年三月に公開した議事要旨には記載されていなかったというのである。WGの八田達夫座長（アジア成長研究所理事長、大阪大学名誉教授）は一七年七月二五日の衆院予算委員会で、次のように答弁している。「私どもの決定のプロセスには一点の曇りもございません。議論の経過は、議事を公開しております。一般の政策決定よりはるかに透明度の高いプロセスです。公開の場で議論をしていることが公平性の何よりのあかしだと考えております」

安倍首相も国会では特区に指定するまでの議論の透明性を繰り返した。

〈このプロセスについては、諮問会議あるいはワーキンググループ、さらには事業者を選定していく分科会、これはもう透明に行われている、フェアな議論が行われています。分科会、事業者選定においては、これは文部科学省の推薦した専門家も入って議論して進められてきたものでありまし、議事録も公開されている〉（二〇一七年七月二四日衆院予算委員会）

〈国家戦略特区は、民間人が入った諮問会議、そして専門家も交えたワーキンググループでオープンな議論をし、そしてその議事録もちゃんと残していきます。適正なプロセスの上、今回の規制改革も行われた〉（二〇一七年七月二五日参院予算委員会）

ところが朝日新聞の八月六日朝刊の報道で明らかになったこの議事要旨の不記載問題は、「加計ありき」

「加計隠し」の疑念を改めて深めさせるのに十分だった。朝日が一面に掲載したのは「加計側出席・発言記載なし　二〇一五年六月の特区WG議事要旨」という見出しの三段記事。WGによるヒアリングには、加計学園系列の千葉科学大学の吉川泰弘教授らも同席し、実際に吉川氏は政府側の委員から出た、学園の教員確保の見通しについての質問に対して答えたらしい。ところが、内閣府が一七年二月に公表した議事要旨には記載がなかったというものだ。

特区WGがヒアリングを実施した後の経緯を説明すると、政府は二〇一五年六月三〇日に「日本再興戦略二〇一五」を閣議決定。そこには「現在の提案主体（筆者注・愛媛県、今治市）による既存の獣医師養成でない構想が具体化し、ライフサイエンスなどの獣医師が新たに対応すべき分野における具体的な需要が明らかになり、かつ、既存の大学・学部では対応が困難な場合には、近年の獣医師の需要の動向も考慮しつつ、全国的見地から本年度内に検討を行う」と盛り込まれた。国家戦略特別区域諮問会議は一二月一五日、今治市の国家戦略特区三次指定を決定。政府は翌一六年一月二六日に今治市の指定を閣議決定した。安倍首相が、加計学園からの獣医学部新設の申請を知ったのは、一年後の国家戦略特別区域諮問会議で学園が学部設置の事業者に決定された一七年一月二〇日ということになっている。

愛媛県と今治市からのヒアリングがいかに重要な通過点であったかが分かる。このWGメンバーの一人、岸博幸氏（慶応義塾大学大学院教授）は「政府の審議会と同じように選ぶ人たちの意向に近い人たちが選ばれるから全体の構成として本当にニュートラルかというと疑問が非常にある」と発言している（第七章「メディアが煽るヘイト」参照）。これは放送倫理・番組向上機構（BPO）の委員選任に関して、ネット番組内で述べたものだが、特区WGメンバーも政府の意向に近い人たちなのだろうか。話を戻す。

八田座長は朝日が報道した二〇一七年八月六日に文書を公表した。それは「今治市が、独自の判断で、説明補助のために加計学園関係者（三名）を同席させていました。特区WGの提案ヒアリングでは、通常、こうした説明補助者は参加者と扱っておらず、説明補助者名を議事要旨に記載したり、公式な発言を認めることはありません。議事要旨の公開に際しては、通常通り、提案者以外の発言は認めませんでした」という内容だった。八月七日の記者会見では、同学園関係者については今後も記載しない方針を明らかにしている。

望月記者は八月八日の官房長官の記者会見で「（加計学園関係者の発言を）意図的に削除するために説明補助者にしたのではないか」「詳細な議事録を早急に出すお考えはないのか」――などと質問した。これに対して菅氏は「八田座長が言われた通り。総理の答えた通り」などと質疑は堂々巡り。約九分半の間に一五回も繰り返される中で冒頭の菅氏の発言が出たわけだ。「ここは質問に答える場じゃない」――。

この日（八月八日）の記者会見では、朝日新聞の南氏の質問も注目された。

南氏も望月記者の質問と同じ問題に触れ、「ある保守政治家」の発言を紹介した。それはかつて自民党が野党だった時代に菅氏が著した「政治家の覚悟　官僚を動かせ」（文藝春秋）の中の一節だった。

〈政府があらゆる記録を克明に残すのは当然で、議事録は最も基本的な資料です。その作成を怠ったことは国民への背信行為〉

これは東日本大震災が一一年三月に発生した際、当時の民主党政権は、公文書管理法が同年四月に施行されることになっていたにもかかわらず、政府の関連組織が議事録を作成していなかったことに言及したものだった。「加計学園」問題は首相の関与をめぐる一大疑惑である。南氏はこの言葉の主の政治家名について「官房長官、ご存じですか」と問うた。ところが、菅氏は即座に「知りません」と答えたのだった。南氏はそれが菅氏自身の発言であることを明かすと、「忸怩たる思い。記録に残す気持ちにはならないのでしょうか」と重ねて尋ねた。菅氏からは「(議事要旨を)残していると思いますよ」と素っ気ない答えしか返ってこなかった。

■あなたがすることのほとんどは無意味であるが……

「良心宣言ジャーナリズム二〇一八――」というシンポジウムが二〇一八年七月一日、東京都千代田区の法政大学であった。望月記者が菅官房長官会見に参加し始めた一七年六月に日本での表現の自由の状況を調査していた国連人権理事会の特別報告者、デビッド・ケイ米カリフォルニア大学アーバイン校教授が「政府が直接、間接にメディアに圧力をかけている」とする調査結果を理事会に報告した。日本政府はこれを否定する立場だが、このまま日本のジャーナリストが黙っていれば「政府の見解を認めたことになりかねない」などとして声を上げたジャーナリストがそれぞれの「良心」を表明しようという運動だ。元北海道新聞記者の往住嘉文氏らが呼びかけたものだ。

シンポでは、望月記者らが講演し、一年余にわたり質問し続けてきたこれまでを振り返った。

「一七年八月末ぐらいに官邸報道室から官邸の番記者や幹事に『望月の質問だけは制限させてほしい』という内容のメールが来た。承諾はしていないということだったが、反論はしなかったと思います。八月末以降、私や南彰さんが手を挙げても『はい、終わりです』と押し切られるようになってしまいました」

年が明けて一八年に入ると、望月記者に対してはさらに厳しい仕切りとなった。「今、手を挙げた方（望月記者）は、一問でお願いします」。司会役の上村秀紀報道室長はそう釘を刺すようになったという。政治部の担当記者に菅官房長官は直接は苦情を述べないが、周辺の秘書らは「あんな質問は印象操作だ」「いつまで（記者会見に）来させているんだ」などと「ちくちく言われている」（望月記者）という。

「政治部長経由で文句を言うのは迷惑をかけられないと思いツイッターでつぶやきました。そしたら、いきなり三〇〇〇リツイートくらいされまして、次の日からはぴたっと言われなくなりました。今では二問、質問できるようになりました」

そう言うと、会場からは笑いと拍手が上がった。

ジャーナリズムとは報じられたくないことを報じることだ。それ以外のものは広報に過ぎない――。望月記者は英作家のジョージ・オーウェル（一九〇三～五〇年）の言葉で講演を締めくくった。

望月記者は『新聞記者』の「あとがき」で「大切にしている言葉がある」として、インド独立の父マハトマ・ガンジー（一八六九年～一九四八年）の言葉を紹介している。

〈あなたがすることのほとんどは無意味であるが、それでもしなくてはならない。そうしたことをするのは、世界を変えるためではなく、世界によって自分が変えられないようにするためである〉

この言葉を読んで、思い出したことが一つある。二〇一五年三月二七日。テレビ朝日の看板番組「報道ステーション」ではまだ古舘伊知郎氏がメインキャスターを務めていた。「菅（義偉）官房長官をはじめですね、官邸のみなさんにはものすごいバッシングを受けてきました」。この日、ゲスト・コメンテーターとして最後の出演となった経済産業省の官僚だった古賀茂明氏は、事前の打ち合わせになかった降板の舞台裏を暴露し、古舘氏と口論になった。古賀氏は安倍政権の政策に批判的でテレビでのコメントに官邸は不快感を隠さなかったといわれる。この日の番組で「古舘さんにお贈りしたい」と言って取り出したフリップに書いてあったのが、ガンジーのこの言葉だった。古舘氏は「機会があれば、企画が合うなら出ていただきたいと相変わらず思ってます」と語っていた。しかし、古賀氏が再び出演することはなく、その古舘氏も一年後の一六年三月には番組を去っている。

望月記者は前方に菅氏、後方には産経という構図の中にいる。当事者である東京新聞も含めてその他のマスメディアはどういう対応をしていくのか。国民は見ていると思う。

第２章

私は捏造記者ではない

植村隆（元朝日新聞記者・金曜日社長）

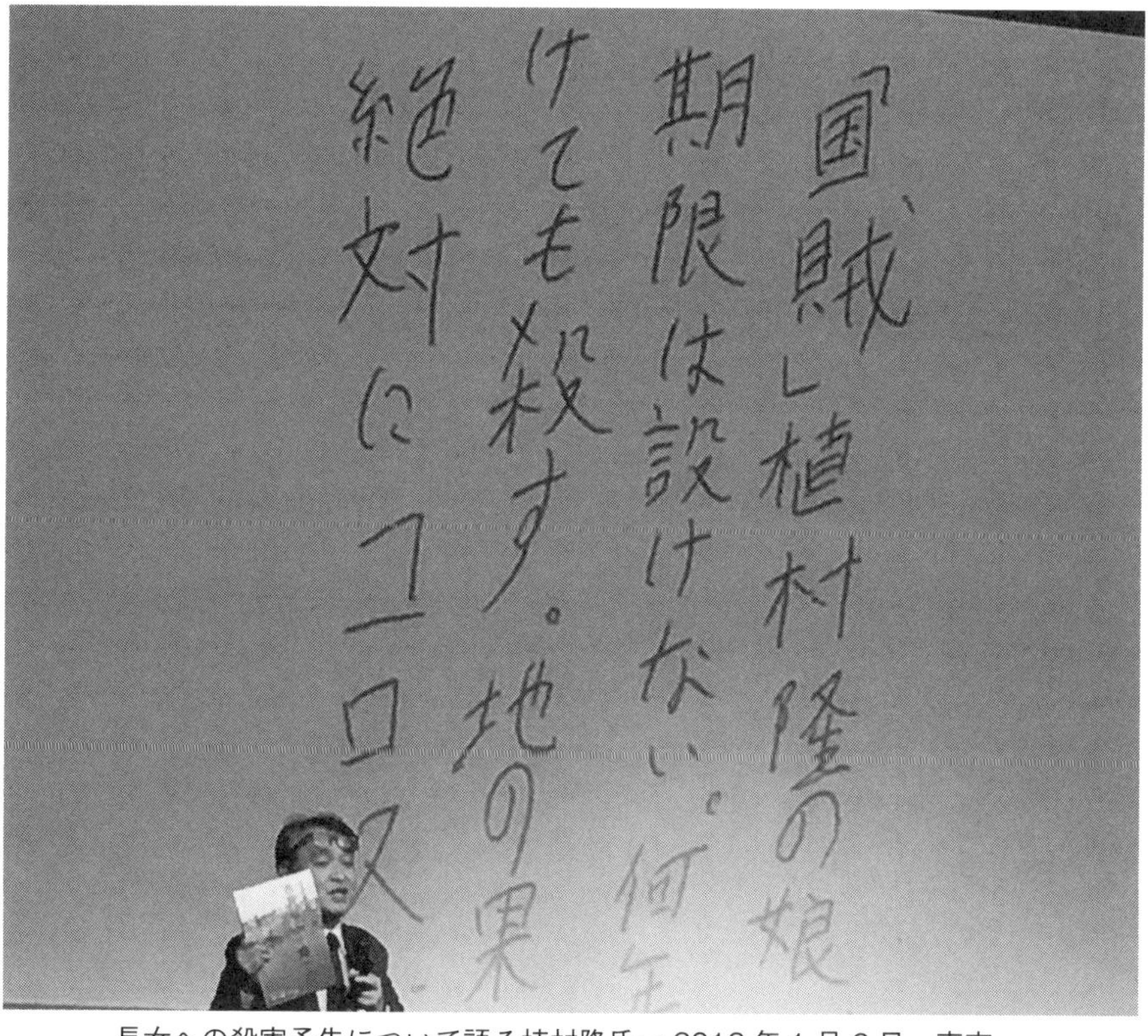

長女への殺害予告について語る植村隆氏＝2018年1月6日、東京・成城ホールで開かれた「新春トークコンサート　忖度を笑う　自由を奏でる」には約400人が参加した

記者個人を狙い撃ちにした言論テロが深刻化している。右派メディアによる報道が引き金となっているのだ。第1章「菅さん！　トウキョウ、モチズキです」では、望月衣塑子・東京新聞記者への殺害予告について取り上げたが、元朝日新聞記者の植村隆さん（韓国カトリック大学客員教授・金曜日社長）のケースでは、メディアに「捏造記者」呼ばわりされ、それに触発されたインターネット上の激しいバッシングが、家族への殺害予告にまでエスカレートしたのである。「捏造記者」情報の発信源であるメディアを植村さんが訴えた裁判では、「捏造記者」批判の根拠が乏しいことが浮かび上がってきた。そもそも捏造された「捏造記者報道」だったのである。

■家族までバッシング

「一七〇万円はヘイトスピーチ（憎悪表現）のない社会をつくるために使いたい。それをこれからの仕事にしたいと思っています」

植村さんは、二〇一八年一月六日に東京・成城ホールであった集会で、会場を埋め尽くす支援者らを前にそう決意を語った。

植村さんは朝日記者だった一九九一年に日本軍の元「慰安婦」、金学順さん（九七年一二月死去）に関する二本の記事を署名付きで書いた。八月一一日朝刊「思い出すと今も涙　元朝鮮人従軍慰安婦　戦後半世紀　韓国の団体聞き取り」（大阪本社版）は、「韓国挺身隊問題対策協議会」が録音した金さんの証言テープを元に記事にしたものだ。元慰安婦の証言は、日韓メディアで初めての報道だった。このときの記事では金さんの名前は伏せられていた。「一七歳の時、だまされて慰安婦にされた。二、三〇〇人の部隊がいる中国南部の慰安所に連れて行かれた。『監禁されて、逃げ出したいという思いしかなかった。相手が来ないように思いつづけた』」。過酷な体験や証言を紹介する内容だった。この記事の前文（リード）の「日中戦争や第二次大戦の際、『女子挺身隊』の名で戦場に連行され、日本軍人相手に売春行為を強いられた『朝鮮人従軍慰安婦』のうち、一人がソウル市内に生存していることがわかり……」という部分にある、「女子挺身隊の名」「戦場に連行」という部分が後に右派メディアにクローズアップされ、バッシングの材料とされた（植村さんは記事の本文で「女性の話によると、中国東北部で生まれ、一七歳の時、だまされて慰安婦にされた」と書いている）。金さんは植村さんの記事が出た三日後の八月一四日に記者会見し、「慰安婦だった」と、初めて実名で名乗り出た被害者だ。金さんは同じ年の一二月六日に日本政府を相手に損害賠償を求める訴訟を東京地裁に起こした。植村さんは一二月二五日朝刊で再び、金さんを取り上げる。「かえらぬ青春　恨の半生　ウソは許せない　私が生き証人　関与の事実を　認めて謝罪を」（大阪本社版）を書いた。これらのたくさんの見出しからだけでも金さんの思いが伝わってくる。

金さんが名乗り出た影響は大きくその後、多くの元慰安婦による告発が続き、日韓での個人に対する戦後補償をめぐる政治・外交問題に発展するきっかけとなった。

植村さんは、この記事を元に「捏造記者」批判を繰り返す右派メディアや執筆者を相手に損害賠償を求める訴訟を東京（一五年一月）と札幌（同二月）の二つの地裁で起こした。集会は、大詰めを迎えるこれらの訴訟を支援する人たちが主催した。

植村さんへのバッシングの矛先は、家族にも及んだ。「何年かかっても殺す。何処へ逃げても殺す。絶対にコロス」。当時高二だった長女にまで殺害予告があった。植村さんが非常勤講師を務めていた、北星学園大学（札幌市）に送りつけられた脅迫状の中に書かれてあった。短文投稿サイト「ツイッター」に顔写真や実名もさらされた。「詐欺師の祖母、反日韓国人の母親、反日捏造工作員の父親に育てられた超反日サラブレッド。将来必ず日本に仇なす存在になるだろう」。長女は、脅迫した男性を相手に名誉を傷付けられたなどとして訴訟を起こし、東京地裁が一七〇万円の請求額を満額認め、長女は勝訴した（一六年八月）。このお金をヘイトのない社会のために役立てたいという。

■発端は『週刊文春』記事

そもそも植村さんへのバッシングの発端となったのは、『週刊文春』（文藝春秋）の記事だった。「挺身隊とは軍需工場などに勤労動員する組織で慰安婦とは全く関係がありません。しかも、このとき名乗り出た女性は親に身売りされて慰安婦になったと訴状に書き、韓国紙の取材にもそう答えている。植村氏はそうした事実に触れずに強制連行があったかのように記事を書いており、捏造記事と言っても過言ではありません」――。

『週刊文春』一四年二月六日号は「〝慰安婦捏造〟朝日新聞記者がお嬢様女子大教授に」という記事を掲載し、西岡力・東京基督教大学教授は、そうコメントした。植村さんは朝日新聞社を退職した（一四年三月）後の四月から神戸松蔭女子学院大学（神戸市）の教授として採用されることが決まっており、それを批判する内容だった。

反響はすさまじかった。

週刊文春の編集長だった月刊誌『Ｈａｎａｄａ』（飛鳥新社）編集長の花田紀凱氏は『産経新聞』（二月一日朝刊）のコラムで同記事を取り上げ、「こんな記者が女子大でいったい何を教えることやら」と揶揄した。花田氏は、編集長だった『マルコポーロ』（文藝春秋）の一九九五年二月号に掲載した特集「戦後世界史最大のタブー ナチ『ガス室』はなかった」がユダヤ人の団体から抗議を受けて解任された人物だ。花田氏が当時、編集長を務めていた月刊誌『Ｗｉｌｌ』一四年四月号（ワック）は、ジャーナリストの櫻井よしこ氏の寄稿を掲載し、櫻井氏は「植村氏の『誤報』は単なる誤報ではなく、意図的な虚偽報道と言われても仕方がないだろう」と批判。

文藝春秋らを訴えた裁判の本人尋問後に記者会見する植村隆氏＝2018年9月5日、東京・霞ヶ関で

櫻井氏は産経（三月三日朝刊一面）＝「真実ゆがめる朝日報道」、『週刊新潮』（四月一七日号連載コラム）＝「意図的な虚偽報道」と続けて寄稿した。

こうした右派メディアによるバッシングは、読者らを触発し、矛先は雇用契約を交わしていた、神戸松蔭女子学院大学へも向けられた。「なぜ捏造記者を雇うのか」。同大に殺到した抗議の電話やメールは、『週刊文春』の発売（一月三〇日）からわずか一週間で二四七件にも上ったという。植村氏は大学側の意向を受け、契約解除に応じざるを得なかった。

その半年ほど後、バッシングはまた起きた。

二〇一四年八月五日朝刊で、『朝日新聞』が韓国の済州島で女性を強制連行して慰安婦にしたという男性（故人）の証言記事を取り消したのがきっかけの一つだ。

朝日は植村さんの記事については「意図的な事実のねじ曲げはない」として取り消さなかったが、植村さんが狙い撃ちされたのだ。ただ、朝日新聞は一四年一二月二三日朝刊で植村さんが書いた一九九一年八月一一日の記事について先の前文の表現を訂正している。

〈この女性の話として「だまされて慰安婦にされた」と書いています。この女性が挺身隊の名で戦場に連行された事実はありません。

前文の「『女子挺身隊』の名で戦場に連行され」とした部分は誤りとして、おわびして訂正します〉

しかし、この部分を朝日が訂正する必要があったのかどうか。後に述べるように植村氏の裁判では支援者らによって疑問符を付けざるを得ないような証拠が相次いで発掘されることになるのである。

再バッシングの口火を切ったのも『週刊文春』だった。八月一四日・二一日号（八月六日発売）は、「『慰安婦火付け役』朝日新聞記者はお嬢様女子大クビで北の大地へ」という記事を掲載した。『週刊ダイヤモンド』九月一三日号、一〇月一八日号、一〇月二五日号と『週刊新潮』一〇月二三日号は、櫻井氏の寄稿、『週刊文春』一〇月二三日号は櫻井、西岡両氏の対談記事を掲載した。また、『正論』一四年一〇月号、『中央公論』一四年一〇月号は西岡氏の寄稿を掲載している。

『週刊文春』の報道に導かれるように今度は、非常勤講師を務めていた北星学園大学も脅迫を受けた。植村さんへの支援も広がったが、二年間で約五〇〇〇万円という多額の警備費の負担と学生への危害の恐れといった事情には抗しきれずに植村さんは再び職を失うことになった。

『週刊文春』の「二月六日号」と「八月一四日・二一日号」の記事を執筆したのは、当時、契約社員で「特派記者」と呼ばれていた、現在はフリーのジャーナリストという竹中明洋氏だ。元ＮＨＫ記者という。後述する植村氏が文藝春秋を訴えた東京地裁での裁判で行われた証人尋問（一八年九月五日）で竹中氏は、同誌編集部デスクからの指示で取材を始めたなど経緯の一部を明らかにしている。

竹中氏は、神戸松蔭には「この記事をめぐっては現在までにさまざまな研究者やメディアによって重大な誤り、あるいは意図的な捏造があり、日本の国際イメージを大きく損なったとの指摘が重ねて提起されています。貴大学は採用にあたってこのような事情を考慮されたのでしょうか」（一月二七日）、北星学園には「植村氏をめぐっては、慰安婦問題の記事をめぐって重大な誤りがあったとの指摘がなされていますが、大学教員としての適性には問題ないとお考えでしょうか」（八月一日）――との質問を送っている。

竹中氏は証人尋問で「（植村さんの記事は）捏造記事だと思っていたのか」との質問に対して、「先入観は持っていない。西岡さんのコメントを載せただけだ」と答えていた。しかし、大学への質問内容から見れば、どういう立場にいるのかは明らかだ。証人尋問が終わった後に竹中氏に疑問をぶつけてみた。

「西岡さんのコメントには真実相当性があると思っていたのか」「コメントの内容を裏取りする必要があるとは思っていなかったのか」――。

捏造記事という談話を載せるのである。NHKの記者をした経験もあるのならこれがどれほど慎重に取り扱わなければいけない表現かは十分承知だと思ったからだ。しかし、残念ながら答えてもらえなかったばかりか、竹中氏は名刺さえ受け取らなかった。

〈「記者だったら、自分が書いた記事ぐらいきちんと説明してもらえませんか」

小誌記者の呼びかけに、その男は五十過ぎとは思えないほどの勢いで猛然と走り出し、タクシーに乗って逃げた〉

『週刊文春』の一四年二月六日号の記事の書き出しだ。竹中氏は猛然とは走り出さなかったが、文藝春秋の関係者に守られながら書き出しのような複数の記者らとのやりとりのなかで、タクシーに乗り込んで行ってしまった。もっともこの点だけは「植村さんのようにダッシュで逃げていない」と反論していたが。

竹中氏を取材からガードしていた文藝春秋の関係者に同じ質問を当てた。答えは次のような内容だった。

「記者がいちいち裁判のことを考えて記事は書きませんよ。そんなこと教育していません」。短いやり取りのため「そんな教育」の真意は測りかねたが、社外の人物のコメントといっても自分の書く記事である。捏造かどうかを記者が取材を尽くしてから記事にするものではないだろうか。

こうした異常とも言えるバッシングは、雑誌メディアにとどまらず新聞も加わっている。望月記者と同様、産経新聞だ。

産経の新聞記事データベース（DB）で「植村隆　朝日」と検索したところ、東京朝刊・夕刊では六五本ヒットした（一八年一二月一二日現在）。読売は一二本、毎日は三三件と比べて突出している（東京・北海道で発行される朝夕刊、一八年一一月二一日現在）。しかも、産経と異なり両紙の記事の多くは、朝日の慰安婦報道の検証（二〇一四年八月）、植村氏や家族、そして北星学園大学への脅迫や嫌がらせ、それをきっかけにした退職や裁判をめぐる関連記事だった。

植村氏が初めて産経の紙面に実名で登場するのは、先に示したように、二〇一四年二月一日に掲載された、月刊誌『Ｈａｎａｄａ』編集長の花田紀凱氏（当時は月刊誌『ＷｉＬＬ』編集長）のコラムの中でだ。

産経は朝日による検証をきっかけに植村氏や朝日へのバッシングを強める。八月二三日から連載企画「歴史戦　第五部『朝日検証』の波紋」が始まり、「第七部　崩れ始めた壁（三）慰安婦『植村記事』朝日の回答」で取り上げている。

阿比留瑠比氏も植村氏に対する批判を続ける産経記者の一人で、植村さんが東京地裁で裁判を起こしたあとに開いた記者会見（一五年一月九日）では直接質問をぶつけている。植村さんが金さんについて最初に書いた記事（九一年八月一一日）の前文にあった「『女子挺身隊』の名で戦場に連行され」という表現に関する質問で、記事は証言テープを元にしたものだが、このテープに「挺身隊」という言葉があったかどうかを尋ねるものだった。勝手に記事につけ加えたのではないか、というわけだ。「捏造記事」を証明する材料を引き出したいものとみられるが、阿比留氏が思ったような回答を植村さんはしなかった。

〈植村氏は、記者会見で「テープで『挺身隊』と聞いたのか」と問うても、「定かでない」との答えだった。その上で、当時は韓国で挺身隊と慰安婦が同一視されていたことを繰り返し主張し、『自分にも同様の認識があった』と述べたが、テープにない言葉を恣意的に付け加えたとの疑惑は拭えない」（二〇一五年一月一〇日産経朝刊「元朝日記者・植村氏、被害強調…記事に反省なし」）〉

しかし、こうした産経の追及が天に唾するような行為であったことが後に明らかになるのは皮肉であった。

■産経は「強制連行」を使用

「捏造でないことを証明したい。こうした司法判断が示されなければ、卑劣な攻撃は終わらない」

植村さんは二〇一五年に損害賠償（総額三三〇〇万円）と謝罪広告の掲載を求めて東京（一月九日）と札幌（二月一〇日）で裁判に踏み切った。被告は西岡、櫻井の二氏と文藝春秋、新潮社、ダイヤモンド社、そしてワックの四社だ。西岡氏と文藝春秋は東京地裁、櫻井氏と新潮社、ダイヤモンド、ワックは札幌地裁で争われることになった。

被告側の捏造主張の内容は、次のように大きく整理できる。

(1)　金学順さんは挺身隊の名で戦場に連行されたとしているが、挺身隊と慰安婦は、無関係なのに記事を捏造した。
(2)　金さんが妓生（キーセン）として継父に売られた経緯を意図的に欠落させて強制連行をより強調し、捏造記事を書いた。
(3)　植村さんの義母は、金さんら元「慰安婦」が日本政府を相手に起こした損害賠償訴訟を支援する韓国の太平洋戦争犠牲者遺族会の常務理事で、裁判を有利にさせるために捏造記事を書いた。
(4)　植村さんは強制連行の被害者として金氏を紹介している。金さん自身は「女子挺身隊として連行された」とは一度も言っていない。悪質な捏造ではないか。
――の四点だ。

訴訟をきっかけにたくさんの当時の報道が掘り起こされて裁判に証拠として提出され、真相が浮かび始めた。
(1)については、日韓の当時の報道では植村さんに限らず産経や読売も同じ表現で報じていた。例えば一九八七年八月一四日の読売新聞夕刊は「『女子挺身隊』の名のもとに」、九一年六月四日の毎日新聞朝刊も「『女子挺身隊』の名目で」と書いた。そして、九一年九月三日の産経もだ。いわば、当時の日本メディアの共通認識だったわけだ。
(2)も(1)と同様で、当時の各紙の大半の記事に経歴の掲載はなかった。そうすると朝日に限らず、日韓の多くの報道機関が記事を捏造したことになるのだろうか。
こうした中で、傑作な事実が明らかになる。産経が植村さんを攻撃する内容と同じ趣旨の記事を産経自身も掲載していたのだ。産経が過去に「強制連行」や「挺身隊」を使用（捏造？）していた、そのうちの一つである一九九三年八月三一日夕刊（大阪本社版）の記事「人権考　屈辱　人生問い実名裁判」は、金さんへの電話取材を元に書かれていた。産経の記者が記した強制連行の描写は生々しい。

〈太平洋戦争が始まった一九四一年ごろ、金さんは日本軍の目を逃れるため、養父と義姉と三人で暮らしていた中国・北京で強制連行された。一七歳の時だ。

食堂で食事をしようとした三人に、長い刀を背負った日本人将校が近づいた。

「お前たちは朝鮮人か。スパイだろう」

そう言って、まず養父を連行。金さんらを無理やり軍用トラックに押し込んで一晩中、車を走らせた。

着いたのは、鉄壁鎮《チョルピョクチン》という村だった。住人は逃げ出し、空き家だけが残っていた。

「真っ暗な部屋に連れて行かれ、何をされたか。とても自分の口では言えない」と金さんはいう。

慰安所生活は、約四カ月間。日に何十人もの軍人の相手をさせられ、抵抗すると暴行を受けた。

ある夜、金さんはしのびこんできた朝鮮人男性に助けを求め、やっと慰安所を抜け出した。〉

この描写は、喜多義憲・ソウル特派員による金さんの実名でのインタビューを掲載した『北海道新聞』（九一年八月一八日朝刊）、金さんの記者会見の内容を報じた『ハンギョレ新聞』（九一年八月一五日）、ジャーナリストで「日本の戦後責任をハッキリさせる会」代表の臼杵敬子さんが寄稿した『月刊宝石』（九二年二月号）の記事「もうひとつの太平洋戦争　朝鮮人慰安婦が告発する私たちの肉体を弄んだ日本軍の猟色と破廉恥」に記述された内容とも大筋で重なる。特に産経が使った「強制連行」という拘束力の強い表現は、植村さんの記事にはない。

産経の阿比留瑠比氏らから受けたインタビューの中で、植村氏がこのことを突きつけると阿比留氏は知らなかったと言ったらしい＝植村隆「『慰安婦』報道で完膚なきまでに打ちのめされた阿比留瑠比編集委員」（『検証　産経新聞報道』）。

産経は、朝日が検証記事を掲載してから一年もたった一五年八月四日、ようやく植村さんの指摘を認める短い記事「『強制連行』『挺身隊』本紙も過去に使用」を掲載した。その数は▽九一年九月三日「朝鮮人慰安婦問題を考える　大阪市立労働会館で集い」、▽九一年一二月七日「日本政府は謝罪を　従軍慰安婦で提訴の金さん」、▽九三年八月三一日「人権考　屈辱　人生問い実名裁判」――の三本だ。ところが、なぜこれらの記事が出たのかも明かされていなかったし、朝日のような第三者委員会による検証もされなかった。記事は三本の記事の内容を紹介しただけで、「いずれも伊（貞玉・韓国挺身隊問題対策協議会共同代表）、金両氏の説明を伝えたものです。しかし、金氏の証言は次々に変遷し、信憑性が揺らぎました。産経新聞は、金氏も含め強制連行を裏付ける証拠はないとの認識に基づいて報道しています」と最後に付け加えている。訂正やおわびという趣旨の記事ではないようだ。

植村さんの記事を事実でないとキャンペーンを張ってきた産経報道と反する記事をかつて掲載していた産経だが、「伊、金両氏の間違った証言を記事にしてしまった被害者だ」――と言いたいのだろうか。

植村氏は産経の「強制連行報道」の背景を含めて六項目の質問書を出したが、その回答は「『お答えできません』を繰り返す、ほとんど『ゼロ回答』に等しいものだった」（同上）という。筆者に対するのと全く同じ対応のようだが、産経は、植村氏が取材に応じないことを逃げ回っていると何度も書いているのだから、ゼロ回答はよっぽど悪質だ。

(3)は、(1)(2)の目的に当たる部分だが、植村さんが最初に記事を書いた、八月一一日時点では金さんに日本政府を相手にした提訴（一二月六日）の具体的な予定はなかったうえ、植村さんの義母と金さんが初めて会ったのは、金さんが実名で告白した八月一四日から一カ月以上あとの九月一九日だったのである。金さんが当時所属していたのは、本章冒頭でもふれた「韓国挺身隊問題対策協議会」という別の団体である。そもそも植村さんが金さんの情報を得たのは、当時の朝日新聞ソウル支局長からで、提訴後に二本目の記事を書いたのもデスクからの依頼だった。

(4)は、九一年八月一四日に金さんが初めて実名を名乗り出た記者会見で「挺身隊慰安婦として苦痛を受けた私が、こうやってちゃんと生きている」（東亜日報八月一五日）、「私は挺身隊だった」（中央日報八月一五日）と述べたと報じられている（一八年一一月九日札幌地裁判決から抜粋）。これは、韓国紙だけでなく北海道新聞も「初対面のハルモニが『私は女子挺身隊だった』と切り出した言葉に思わず息をのんだ」（九一年八月一八日）と書いている。金さんには自分が挺身隊であったとの認識があったのは明らかだ。

■『産経』『ＷｉＬＬ』が訂正記事

一方、植村さんは一七年九月一日に裁判とは別に産経に対しては、櫻井さんのコラム「美しき勁き国へ真実ゆがめる朝日報道」（一四年三月三日）に金さんの経歴部分に誤りがあるとして訂正を求めて東京簡裁に調停を申し立てた。申し立てによれば、櫻井さんは「この女性、金学順氏は後に東京地裁に訴えを起こし、訴状で、一四歳で継父に四〇円で売られ、三年後、一七歳のとき再び継父に売られたなどと書いている。植村氏は彼女が人身売買の犠牲者であるという重要な点を報じず、慰安婦とは無関係の『女子挺身隊』と慰安婦が同じであるかのように報じた」と書いたが、訴状にはこうした記載はなく、「事実に反する記載に基づいて批判し、名誉を毀損した」というわけだ。

産経は調停不成立（二〇一八年七月二日）に先立つ六月四日朝刊で問題となった部分を次のように訂正する記事を出した。「平成三年から四年に発行された雑誌記事、韓国紙の報道によると、この女性、金学順氏は一四歳のときに親から養父に四〇円で売られ、一七歳のときその養父によって中国に連れていかれ慰安婦にされたという」。しかしなお、訴状には養父が中国に連れて行ったという記述があることを根拠に「金学順氏が『強制連行の被害者』ではないことは明らかです」と断じている。それならば、なぜ産経が、信憑性が揺らいだと指摘する本人の証言を元にした三本の記事を否定するのだろうか。ちぐはぐな対応ではないだろうか。

実はワックも産経に先立って『ＷｉＬＬ一八年七月号』（五月二六日発売）で同じ論旨の訂正記事を出している。同誌は強制連行の被害者でないことに加え、「『女子挺身隊として連行』された者でもなかったことは明らか」として「櫻井よしこ氏の論文の趣旨に変わりないことを、念のため申し添えます」との見解で訂正記事を結んでいる。

産経と『ＷｉＬＬ』のいずれの訂正記事も出典の変更という形をとっており、「平成三年から四年に発行された雑誌記事、韓国紙の報道によると」と改めたが、それがどの媒体を示しているのかは記事ではわからない（櫻井氏は札幌地裁で一八年三月二三日にあった本人尋問で誤りを認め、出典は『月刊宝石』だったと変更。「速やかに訂正したい」と述べた。西岡氏も同様のことを述べていて、一八年九月五日に東京地裁であった本人尋問で「記憶違いだった」と認め、「裁判が終われば必要があれば考える」と述べた。しかし、出典については「覚えていない」としか明らかにしなかった）。これが先にふれた『北海道新聞』や『ハンギョレ新聞』、『月刊宝石』だとおかしなことが生じる。というのは、いずれの記事も金さんが日本人の軍人によって無理やり養父から引き離されていることを書いているからだ。例えば、ハンギョレ新聞は「三年間の検番生活を終えた金さんが初めて就職だと思って、検番の義父に連れられていった所が、華北のチョルベキジンの日本軍三〇〇名余りがいる小部隊の前だった。私を連れて行った義父も当時、日本軍人にカネももらえず武力で私をそのまま奪われたようでした。その後、五カ月間の生活はほとんど毎日、四〜五名の日本軍人を相手にすることが全部でした」（札幌地裁判決から抜粋）と報じた。

『月刊宝石』は「一七歳のとき、養父は『稼ぎに行くぞ』と、私と同僚の『エミ子』を連れて汽車に乗ったのです。着いたところは満州のどこかの駅でした。サーベルを下げた日本人将校二人と三人の部下が待っていて、やがて将校と養父との間で喧嘩が始まり『おかしいな』と思っていると養父は将校たちに刀で脅され、土下座させられたあと、どこかに連れ去られてしまったのです。私とエミ子は、北京に連れて行かれ、そこからは軍用トラックで、着いたところが『北支のカッカ県テッペキチン（鉄壁鎮）だったと記憶しています』」と書いている。

金さんの養父の目的は、妓生としての教育を受けた二人を派遣することによる商売だったかもしれない。産経やハンギョレ、宝石の記述が示す状況は、日本軍による強制連行そのものの現場ではないだろうか。「金さんは（植村さんが九一年八月に報じた）その後の記者会見や講演、日本政府を相手に起こした裁判の訴状でも『女子挺身隊の名で戦場に連行され（た）』とは語っていない。本人が語っていない経歴を勝手に作って記事に書く、これこそ捏造ではないか」。西岡氏は『正論』二〇一五年二月号で植村氏をそう批判している。しかし、金さんが記者会見や取材記者に語ってきた体験を短く表現するとすれば、それはまさに「女子挺身隊の名で戦場に連行された」ということではないか。

そもそも櫻井氏は金さんを人身売買の被害者だとし、西岡氏も「女子挺身隊という名目で明らかに日本当局の強制力によって連行された場合と、金さんのケースのような人身売買による強制売春の場合では、日本軍ないし政府の関与の度合いが相当に違うことも確かだ」（『文藝春秋』一九九二年四月号）と主張しているが、そうだろうか。日本軍が将兵の性処理のために人身売買に関与していたとすれば、それはやっぱり戦争犯罪なのではないだろうか。

植村さんへの右派メディアによるバッシングは、西岡氏の言説をよりどころにしたものが少なくないとみられるが、西岡氏は一度も植村氏に話を聞いたことはないと本人尋問で認めている。これは櫻井氏も同様だ（ただ、櫻井氏は一八年一一月一六日に日本外国特派員協会で開いた記者会見で、西岡氏側〈『ＷｉＬＬ』を発行するワック〉が提案した対談を植村氏が断ったり、櫻井氏も朝日新聞に質問状を出したと反論している）。

東京地裁での裁判の原告側代理人である穂積剛弁護士は「植村さんへのバッシングは、少し調べれば事実無根なものだとわかる。『慰安婦問題』を否定したい勢力が根拠のない中傷を続けたことで本当のように広まってしまった。裁判所は右派勢力に迎合することがあるので要注意だ」と話した。

■「言論で勝って判決で負けた」

櫻井氏と三つの出版社が被告となった裁判の判決が一八年一一月九日に札幌地裁であった。裁判では、櫻井氏が寄稿した▽ワックの『Ｗ・ｉＬＬ』二〇一四年四月号、▽新潮社の『週刊新潮』一四年四月一七日号、同年一〇月二三日号、▽ダイヤモンドの『週刊ダイヤモンド』一四年九月一三日号、一〇月一八日号、同月二五日号、▽櫻井氏が運営する「櫻井よしこオフィシャルサイト」に転載された『Ｗ・ｉＬＬ』以外の五本――が名誉棄損をめぐって争われた。

主文
一　原告の請求をいずれも棄却する。
二　訴訟費用は原告の負担とする。

裁判長は、岡山忠広裁判官。それに渡邉充昭、牧野一成の計三人の裁判官が出した結論は植村さんの敗訴だった。穂積弁護士の懸念が的中したような判決になってしまった。

札幌地裁は、櫻井氏が『Ｗ・ｉＬＬ』に寄稿した論考「朝日は日本の進路を誤らせる」について①原告が、金学順氏が継父によって人身売買され、慰安婦にさせられたという経緯を知りながらこれを報じず、②慰安婦とは何の関係もない女子挺身隊とを結びつけ、金学順氏が「女子挺身隊」の名で日本軍によって戦場に強制連行され、日本軍人相手に売春行為を強いられた「朝鮮人従軍慰安婦」であるとする、③「事実と異なる記事を敢えて執筆したという事実が摘示されている」と整理したうえで、「『週刊新潮』『週刊ダイヤモンド』に掲載されたものにもこれと類似する事実の摘示がある」とした。そして、こうした事実を摘示した一連の櫻井氏の論文について「原告（植村さん）の社会的評価を低下させる事実の摘示や意見ないし論評がある」と名誉棄損を認めた。

しかし、名誉棄損が争われる民事訴訟では、記事が公共の利害に関することであったり、もっぱら公益を図る目的があることに加えて、記事に書かれた事実の主要な部分が真実であることが証明されれば違法性は欠くとされ、また真実だと信じたことに相当の理由があるときは故意または過失は否定され、名誉棄損による不法行為責任は問われない。これらの点について、札幌地裁は記事の公共性、公益性を認めるとともに、①から③の真実・真実相当性についても「信じたことには相当の理由があるといえる」とし、「櫻井論文の執筆及び掲載によって原告の社会的評価が低下したとしても、その違法性は阻却され、又は故意若しくは過失は否定されるというべきである」と結論付けた。

詳細な判決批評は、法律の専門家に譲るとしても真実相当性の認定についてはかなり櫻井氏に有利なように判断している。例えば判決は、「『継父によって人身売買され慰安婦にさせられた』という真実が事実であると認めることは困難である」としている。だからと言って櫻井氏の捏造批判を弾劾するわけではなく、むしろ櫻井氏が「金学順氏をだまして慰安婦にしたのは検番の継父、すなわち血のつながりのない男親であり、検番の継父は金学順氏を慰安婦にすることにより日本軍人から金銭を得ようとしていたことをもって人身売買であると信じたものと認められる」と判断し、違法性を退けている。しかもその根拠として札幌地裁は▽金さんが東京地裁に提訴した際の訴状、▽ハンギョレ新聞、▽月刊宝石——の三点を、櫻井さんが『Ｗ・ｉＬＬ』への寄稿を執筆するにあたって資料としたことを挙げ、「信じたことについて相当の理由がある」としているのである。

これには驚いた。

すでにみてきたように『ハンギョレ新聞』や『月刊宝石』の各記事は、札幌地裁が基準として示した「一般読者の普通の注意と読み方を基準として解釈した意味内容に従って判断すれば」、むしろこれらの記事は強制連行の事実を示す証拠だと言っていい。

一方、植村さんの義母が遺族会幹部であるという関係をとらえて、櫻井氏が「義母の訴訟を支援する目的であったと言われても仕方がない」と批判したことに対して、判決は、「人身攻撃に及ぶなど意見ないし論評の域を逸脱しているとまでは認めることはできない」と退けている。万事、このような理屈の展開で櫻井氏側を勝たせているのである。ジャーナリストや研究者の仕事の正確性はこの程度で良いと裁判官は考えているのだろうか。ある意味では報道側にとっては歓迎すべき判決だと皮肉りたくもなる。それであれば、判決は植村さんが「『女子挺身隊』の名で戦場に連行され」と書いたことに対しても同じように「信じたことに相当の理由がある」と触れてもよかったのではないか。

札幌地裁の三人の裁判官は、櫻井氏らを勝たせる目的で、櫻井氏が信じた相当の理由を見いだすために懸命に都合の良い部分だけを意図的に抜き出していると言われても仕方がない。

そもそも月刊宝石を週刊誌と誤記している判決である。裁判官はちゃんと証拠を吟味しているのか、と疑いたくなる。

「ジャーナリズムの世界では私の正しさが証明されているわけです。しかし、法廷では、裁判長はそれを認定しませんでした。だからこの判決を、私は言論戦、言論の戦いで勝って判決で負けてしまった、悪夢のような判決だというふうに思ってます」。一一月一五日、日本外国特派員協会で開いた記者会見でそう語った。

一方、櫻井氏は『W・iLL』二〇一九年一月号に「慰安婦問題　元朝日・植村隆との裁判　勝訴報告」というタイトルで寄稿した。櫻井氏はその中で植村さんが提訴したことについて「札幌地裁の判決をもって法廷闘争は終わりにすべきだろう。訴え自体、言論人の名に悖る行為だ」と批判し、植村さんの記事についても「許しがたい報道として多くの日本人に記憶されることだろう」と書いた。ただ、勝訴したことで「捏造が証明された」とまでは踏み込まなかった。「（勝訴した後の）いまも植村さんが記事を捏造したとお考えでしょうか」。櫻井氏は一一月一六日の記者会見で、長谷川綾・北海道新聞記者から問われた。この場でも櫻井氏は「捏造したと言われても仕方がないだろうという意見を申し上げた」と正面からは答えなかった。

植村さんは一一月二二日、札幌高裁に控訴した。また、東京地裁での判決も一九年三月二〇日に決まった。司法の信頼性が問われている。

第3章

その公文書扱い、問題です

三木由希子（特定非営利活動法人・情報公開クリアリングハウス理事長）

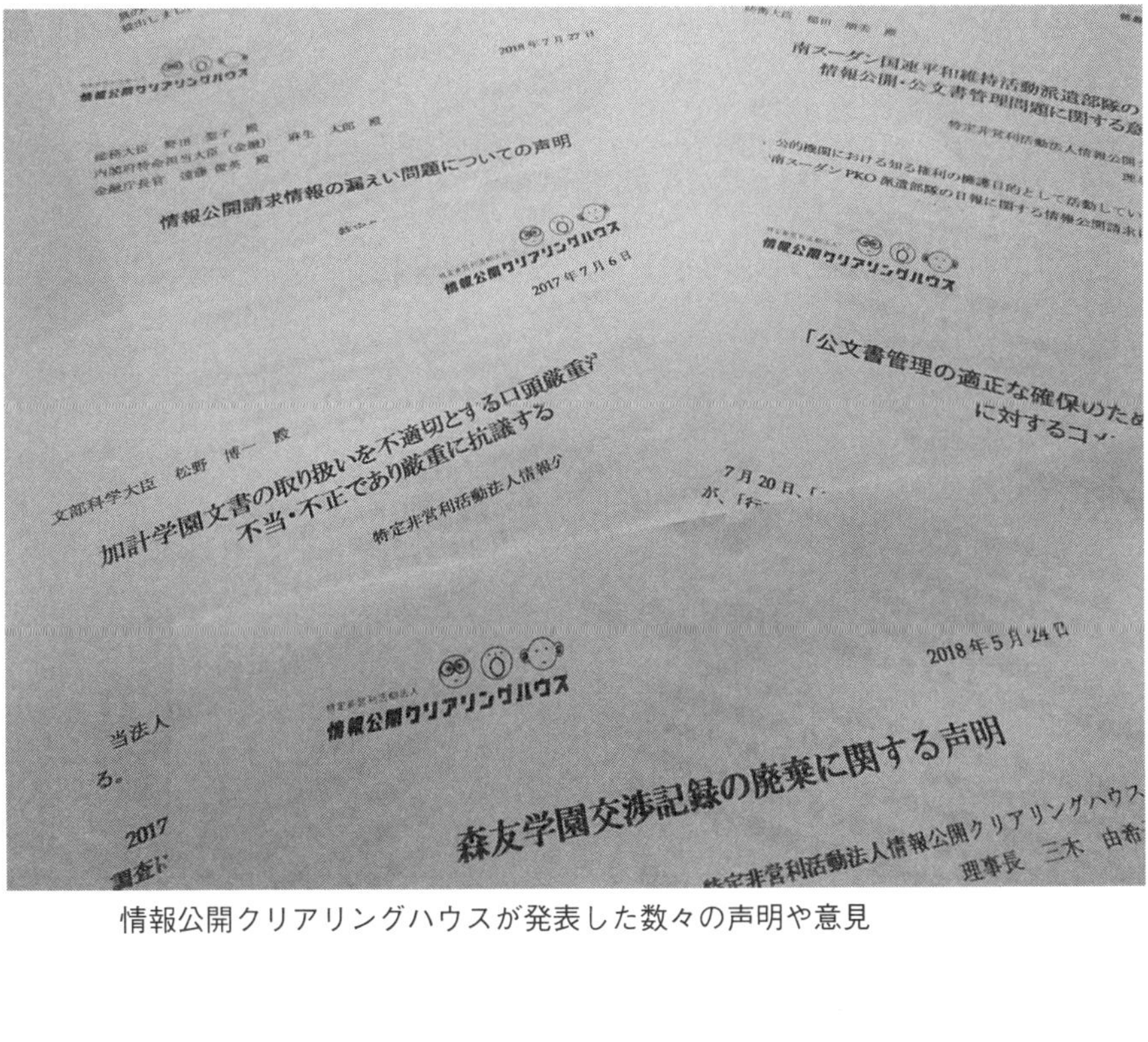

情報公開クリアリングハウスが発表した数々の声明や意見

■信頼できる政府に

「知る権利の前提として、公文書が作成されていなければなりません。政府は、記録を通じて国民への説明責任を果たすことが求められています」

二〇一七年六月一日の衆院憲法審査会で、特定非営利活動法人・情報公開クリアリングハウス（東京都新宿区）の理事長、三木由希子さんは約四〇人の国会議員を前にそう訴えた。この日の審査会のテーマは、「新しい人権」。「知る権利」は、その一つとして脚光を浴びている。

知る権利は、第二次世界大戦中に米メディアが経験した政府による情報統制に対抗し、正しい情報を得るための権利として提唱されたことが起源とされ、情報自由法制定（一九六六年）につながる。日本のメディアも強い影響を受けて、知る権利を訴えるようになり、一九七〇年代になると、一般市民からも政府に対して情報公開を求める機運が高まった。三木さんたち市民の努力もあって、民主的な行政の推進に資することを目的とした情報公開法が二〇〇一年四月、国民への説明責任をうたった公文書管理法が一一年四月にようやく施行された。まさに「新しい人権」なのである。

公文書が存在し、それが適切に開示されなければ、国民は行政機関が正しい決定をしているのかどうかを見極められない。意思決定過程の記録作成を義務づけた公文書の位置づけは、管理法が定めるように「健全な民主主義の根幹を支える国民共有の知的資源」なのである。二つの法律ができる前までは、それぞれの官庁の判断に委ねられ、壁は厚かった。

三木由希子（特定非営利活動法人・情報公開クリアリングハウス理事長）

三木さんの意見陳述を聞きながら、四〇人の傍聴人の脳裏には三つの「文書不存在問題」が浮かんでいたに違いない。

不存在問題とは、一つ目は、南スーダンのＰＫＯ（国連平和維持活動）に参加している陸上自衛隊部隊作成の日報が当初、廃棄されたと説明されながら、防衛省は実際には保管していた問題。二つ目は、安倍晋三首相の妻昭恵さんを、計画した小学校の名誉校長に迎えた大阪市の学校法人「森友学園」に財務省が国有地を八億円も値引きして払い下げながら、その交渉の経緯に関する文書を廃棄していた問題。そして、三つ目は、安倍首相と親しい加計幸太郎氏が理事長を務める岡山市の学校法人「加計学園」が運営する岡山理科大学の国家戦略特区による獣医学部新設（二〇一八年四月開校）をめぐり、「総理のご意向」などと記した文部科学省作成とされる文書が朝日新聞によって報道されながら当時、文科省は調査した結果、「確認されなかった」とした問題だ。

南スーダンの日報や森友学園の交渉文書は、保存期限が役所側の判断で「一年未満」とされ、廃棄されたとしても公文書管理法の網を「適法」に通り抜けることが可能であり、加計学園問題では、菅義偉官房長官は当事者の一人である文部科学省事務次官だった前川喜平氏が存在を証言をしてもなお「怪文書」扱いで、政府は十分な調査に乗り出そうとしなかった。

三木さんたちは一七年五月に財務省と、国有地を所有する国土交通省を相手に森友学園との交渉資料が消去されないよう証拠保全を東京地裁に申し立てた。朝日、東京は事前に特ダネとして報じた。裁判となれば、専門知識を持ったベテランの弁護士・法律家たちが手弁当で集まる。しかし、最高裁まで争ったが、保全の必要性は認められなかった。「国民共有の知的資源」への道のりは遠く長い。

「政府の信頼性を高めるために」――。
三木さんは、衆院憲法審査会で何度も口にした。

■法改正進まず

情報公開クリアリングハウスは一九九九年に発足した。その前身は「情報公開法を求める市民運動」という市民団体だった。「市民運動」が結成されたのは一九八〇年三月。名前の通り、情報公開法の制定を求めることが大きな目標だった。

クリアリングハウスのホームページは当時の状況を次のように伝えている。

〈市民運動の結成に至るまでの背景には、ロッキード事件などの政治腐敗・汚職や公費の無駄遣い、サリドマイド・クロロキンなどの薬害、道路建設などによる公害問題などの究明が、公務員の守秘義務や企業秘密を盾に情報の非公開を貫かれるという社会情勢がありました。さまざまなところで密室性が問題を生み、被害を拡大し、原因究明を妨げていた〉

山形県金山町が八二年に地方自治体として情報公開条例を最初に制定した。

同町に遅れること一七年。九九年に情報公開法が成立したことを受けて運用状況を「監視」する組織として衣替えしたわけだ。

三木さんは大学生だった九二年から「市民運動」に参加し、「クリアリングハウス」の発足とともに「室長（事務局長級）」に就任し、二〇一一年五月に理事長になった。三木さんのこの二五年の歩みは、情報公開法と公文書管理法の二つの法律の歴史より長い。

情報公開法がある今日でも行政の秘密はなお厚い壁に守られているように映る。

情報公開制度の効果的な使い方について解説する情報公開クリアリングハウス理事長の三木由希子さん =2018 年 4 月 28 日、早稲田大学で（報道実務家フォーラム事務局提供）

三木さんが情報公開法の問題点を分かりやすく説明するためにしばしば活用する資料がある。

個人情報の紛失など懲戒処分の対象となるような警察官による非違行為を記載した報告書を警察庁に情報公開請求したところ、都道府県警が添付した新聞記事について新聞社名や掲載日、記事の本文を「個人情報」などとしてすべて黒塗りにして開示された事例だ。現行法の解釈としては黒塗りにした開示は誤りとは言えないが、そういう解釈が可能だという課題を端的に浮き彫りにしている。三木さんは「情報公開法の問題点を具体的に理解してもらうのに苦労しますが、このケースを紹介すると誰もがおかしい、と直感的に理解してもらえます」と話す。

政府の透明性を高めるはずの制度が逆に国民の不信を広げていないか――。

民主党政権下だった一一年四月に情報公開法の改正案が国会に提出された。三木さんも内閣府に設けられた「行政透明化検討チーム」のメンバーの一人として、改正案づくりに参加した。しかし、この年の三月に起きた東日本大震災の被災地復興に政府が追われるなかで、改正案は審議未了のまま廃案になってしまった。

政権復帰した自公政権内では、情報公開法の改正も、今回問題点が浮かんだ公文書管理法の改正も検討さえ進んでいない。こうした状況下で憲法に「知る権利」を盛り込もうという議論が始まっているのである。

「知る権利によって何を達成し、何を実現するのかについて十分な議論が必要です」

三木さんはそう指摘する。

三木さんは一七年五月二〇日、早稲田大学（東京都新宿区）の教室にいた。

早稲田大学大学院政治学研究科ジャーナリズムコースと、報道各社の記者らでつくる「取材報道ディスカッショングループ」が共催する「報道実務家フォーラム拡大版」（第6章「現場が語るジャーナリズム」参照）の講師として招かれた。テーマは「情報公開法　調査報道にどう活かすか」。

「情報公開制度は請求する権利を与えられているにすぎません。請求しないと情報が出てこないのは取材と同じで、時間もかかるし忍耐も必要です」。三木さんは全国から集まった新聞・通信やテレビの約一〇〇人の記者たちに明かした。

三木さんに先立って毎日新聞社会部の青島顕編集委員が情報公開法を使って得た文書を基に、会計検査院が特定秘密保護法を憲法上問題だと指摘していたことをスクープしたケースを報告していた。開示決定まで一年半もかかったという。情報公開法は、請求のあった日から三〇日以内に開示することを原則としているが、それが守られた経験を持つ関係者は少ない。

忍耐力の勝負なのだ。記者も組織人の一人で、一年半後では担当が変わっているかもしれない。後任にもしうまく引き継げなければ、結果として報道されなかったケースもあるだろう。

「とにかく、トライアンドエラーです。一発で美しい答え（情報）が出てくるわけではありませんが、ときどき美しい答えは出ます。情報公開制度をどう使うかは私たち次第。チャレンジが大事です」

記者たちは熱心にメモを取っていた。

■不審ＤＭ、行政機関が情報源

「当初は個人メモとして作成されたとしても、業務の中で関係職員と共有している以上は、行政文書としなければならないことに疑問の余地はない。情報公開法及び公文書管理法の信頼性そのものを根底から覆すものが含まれ、到底容認できない」

情報公開クリアリングハウスは一七年七月七日に「加計学園文書の取り扱いを不適切とする口頭厳重注意は不当・不正であり厳重に抗議する」とする声明を発表した。作成したのは三木さんだ。

学校法人「加計学園」の獣医学部新設をめぐって松野博一・文部科学相が戸谷一夫事務次官、小松親次郎文科審議官、常盤豊高等教育局長の三人を口頭での厳重注意にしたためだ。文科省は報道機関や国会、世論の批判を受けて「総理のご意向」などの加計学園関係文書を再調査したところ、六月一五日に見つかったと発表していた。その際に明らかになった「個人メモ」に該当する文書をパソコンの共有ホルダーに保存したことの責任を厳重注意の理由とした。

しかしながら、複数の職員が業務上使ったという実態がある文書について、作成者の「認識」を根拠に「個人メモ」だと解釈して、公文書には当たらないという脱法的な法解釈が許されるとなれば、公文書管理法や情報公開法は骨抜きになるのは明らかだ。三木さんは「もはや、文科省の行う公文書管理も情報公開請求に対する対応も、信頼できないと言わざるを得ない」と声明の中で強く非難した。

〈国、自治体など公的機関の情報公開の推進を図る活動および情報公開に関連するその他の活動を行う（略）知る権利を擁護し、確立する〉

情報公開クリアリングハウスが、定款に掲げた目的だ。▽情報公開を拡充、推進する情報の収集、提供及び出版、▽情報公開に関わる団体、個人に対する相談、助言及び支援、▽情報公開に関わる団体、個人への研修教育――など七つの事業が列記されている。

どのようなタイミングで、どのような内容を世の中に訴えていくのが最も効果的か。どの記者なら関心を持って報じてくれるだろうか。どの議員なら議会で質問してくれるだろうか――。

現実の社会や政治、行政の動きを見極めながら、市民の立場から問題を提起していく三木さんの力は、さまざまな分野で発揮されている。これまでの活動の中で最もうまくいったケースについて尋ねた。

「美しくいったケース」（三木さん）として挙げられたのは、住民基本台帳の閲覧の原則廃止が二〇〇六年に実現できたことだった。覚えのない業者からのダイレクトメール（ＤＭ）が相次ぎ、当時、商業目的の大量閲覧が社会問題となっていた。

住民基本台帳は、市区町村が世帯ごとに氏名や住所、生年月日、性別の四情報のほかに、個人番号、住民票コードといった住民の個人情報を編成し、住民票の写しを交付するなどして居住関係を公に証明する制度だ。四情報はかつて原則写しを閲覧できた。これに対して戸籍は、夫婦や親子、兄弟そして婚姻や離婚といった人の身分関係を公に証明する法務省が所管する制度だ。

個人情報保護法が二〇〇五年四月に全面施行されることに合わせて三木さんは、閲覧制度の運用実態の全国調査に乗り出した。呼びかけに応じた市民や地方議員らが計約九〇自治体をヒアリングしたり、情報公開条例を使って閲覧申請した人（会社）の利用状況を調べた。入手した閲覧申請書からは、ＤＭを使った悪質な商法で東京都から行政処分を受けた業者が大量閲覧をしていたり、申請書に記入された住所には会社が存在していなかったり、法人登記簿に載っていないなど多くの不審事例が浮かび上がった。こうした事実を把握した上で、地方自治体や議会、住基法を所管する総務省に働きかけるなどした結果、法改正が実現し、閲覧は統計、世論調査や学術研究、行政機関が法令に基づいて行うなど公益性が高いと認められる場合に限定され、商業利用などができなくなった。

「不審なダイレクトメールの情報源を探していったら行政機関だったという笑えないケースでした。これを調査し、行政に働きかけて法改正にこぎ着けることができました。一つの市民立法だと言えます」

三木さんは一七年七月一〇日、早稲田大学の授業でそう学生らに解説していた。

■「負けて勝つ」

三木さんが情報公開問題に関心を向けたのは、大学受験生だった一九九二年まで遡る。国公立大学の志望者は一次試験に当たるセンター試験の結果を参考に二次試験の大学を決めていた。問題用紙にも記録した自分の解答を翌日の新聞に掲載された正解と照らし合わせて自分の点数を推定していた。

なぜ自分の成績を知ることができないのか――。納得できなかった。大学入試センターは国の機関。一九八八年に制定された当時の個人情報保護法でも自分の情報を開示できる仕組みはあったが、教育と医療分野の個人情報は除外されていた。しかし、三木さんが受験し、合格した横浜市立大学文理学部も同センターから提供を受けた情報を保有しており、幸いにも市情報公開法に基づいて請求できることが分かった。

進学した後の四月、同条例に基づいて開示請求を行った。教えてくれたのは、三木さんの通った予備校の講師をしていた、情報公開制度に詳しい奥津茂樹氏だった。そして、秋山幹男氏、三宅弘氏、森田明氏――といった情報公開法の制定を求める市民運動を担う法律家らが後押しし、記者会見もした。大きなニュースにもなった。

「記者会見では『合格したのに何で開示請求したの？』と聞かれましたが、本人が自分の点数を知ることができない仕組みはおかしいと思いました」

しかし、結果は不開示。異議申し立てもしたが、変わらなかったため弁護団も結成されて、四年生だった九五年七月に横浜地裁に提訴した。被告は市、文部省、大学入試センターの三者。開示を求めたのは、①センター試験の得点、②二次試験の得点、③二次試験の答案。合わせて損害賠償も請求した。大学の裁判担当は、奇しくもゼミの担当教授だったが、関係は良かった。

裁判所の判断は一、二審敗訴。二〇〇三年に最高裁で上告不受理となり、足かけ九年に及ぶ長い裁判は完敗に終わった。

時代の風は三木さんに吹き始めていた。一九九九年に成立した情報公開法は、教育分野の公開も推し進めた。同法が施行されたと同じ〇一年、大学入試センターは、試験の成績結果の通知制度を導入した。この年、通知を受けた受験生の指摘から山形大学工学部、富山大学人文学部、金沢大学理学部で、コンピュータープログラムのミスが原因で合否判定に誤りがあることが分かった。本来、合格のはずが不合格となった受験生がいたのだ。

「成績の本人への開示は、だから重要なのです。人生が変わってしまうのです。私は裁判では負けましたが、制度の改革では勝ったように思います」

小学生の時、授業で自分の名前の由来を親に聞くという課題が出た。

「母は由という字には、木の切り株から芽吹くという意味があり、希は、まれなという意味だという説明をし、『自分で自分自身の人生を選ぶという願いを込めた』と話してくれました」

三人姉弟の長女に生まれ、茨城県茎崎町（現つくば市）で育った。両親の勧めで子どものころから習い事は多かった。エレクトーン、書道、水泳、そろばん、ミニ・バスケット。

「自分が叶わなかったことを子どもにはさせたかったようです」

茎崎町内の小中学校から県立高校に進んだ。高校では三年間、サッカー部のマネージャーを務めた。卒業後の進路では、大学受験の滑り止めで受けたという東京都職員の試験を突破し、配属先まで決まっていたが辞退した。翌年春の横浜市立大進学を選んだという。大学時代は国際関係について学び、バスケットのサークルに所属する傍ら入学時に始めた『月刊自治研』（自治労サービス）での連載は一三年間も続いた。

自宅のある茨城から、大学のある横浜までの電車通学で通過する東京都内の市民運動の事務局でアルバイトする中、卒業後の道が固まっていった。九六年二月に情報公開クリアリングハウスの前身である「情報公開法制定を求める市民運動」の事務局スタッフとして働き始めたのだ。

この年、三木さんは東京都が旧都公文書開示条例の改正に向けて設けた「東京都における情報公開制度のあり方に関する懇談会」の公募委員の一人に選ばれている。大学卒業時には既に十分な知識と経験の積み重ねがあった。宇賀克也氏、多賀谷一照氏、藤原静雄氏、前田雅英氏――といった今日もなお、各省庁の設ける、有識者が参加する委員会では「常連識者」として招かれる。こうした人々と同じテーブルで議論を戦わせることになった。

「同級生と同じように就職活動をして、企業に就職するという選択は全く考えていませんでした。名前の通りに人生を歩んでいるのでしょうかねぇ」

もし、都に就職していたら？　と質問したが三木さんは笑うだけだった。

■もう一つの顔

「そろそろ一時間経つね。また連絡する」。受話器の向こうの若い女性は、そう言って電話を切った。最近、身の回りであったこと。周囲への不満、そして、「値踏み」。この人は、自分の話をどこまで真剣に聞いてくれるのだろうか――。

三木由希子さんは、情報問題の専門家とは別の顔が二〇一二年まであった。「地域と子どもリーガルサービスセンター」の専任スタッフ。

リーガルサービスセンターは、獨協大学（埼玉県草加市）が法科大学院の関連施設の一つとして二〇〇七年四月に開設した。一八歳未満の子どもに関しての相談を受ける施設だ。旧知の法学者から声がかかり、設立の準備段階からかかわることになったという。

その時に担当した子どもからは退職した後も時々、三木さんを頼って連絡がある。もう、スタッフの肩書はないが、話を聞くことにしている。「一時間だけね」と最初に念を押すことにしているという。

〈子どもの問題は、子ども自身の課題だけでなく、家庭、学校、地域社会そのほか子どもの属している場の問題・課題などがそれぞれに関わりあい、例えば、虐待、暴力、いじめ　家族関係の問題などとして表れます。こうした問題は、関わりあうものを広く視野に入れて考える必要がありますへ（ホームページから）〉

リーガルサービスセンターは、名称にあるように、獨協大学のある草加市を中心にした地域の子どもたちが抱える問題について、法的な支援の必要なケースを法律家につないでいくための施設だ。

子どもの問題は、多様だ。援助交際での約束が違うと言って警察に駆け込む女の子、妊娠してしまった外国人の女子中学生、精神疾患を患っていたり、刑事事件を起こしたりするなどで子どもを育てられない親。児童相談所に対して深い不信感を持つ親たち……。

三木さん自身も家庭への訪問を繰り返し行ったという。母親と一緒に部屋の掃除や洗濯をしたり、家庭裁判所に現れないので、迎えに行くとまだ寝ていたり……。

「一〇代ながら激しい人生を歩んでいるためか、子どもの相談者は常にこちら（スタッフ）の我慢の限度を試そうとします。リストカットの傷跡をわざと見せつけたり、これを言ったら心配するだろうということを持ち出したり……」

学校でも子どもの家庭に立ち入れないことはある。既存のフリースクールや自立支援ホームだけでは支えきれなかった子どもや親たちも少なくない。

ある親からの相談は、一〇〇回を超えたという。家庭訪問するとなかなか家には帰れない。ある一〇代の相談者は、五時間近くも話し続けたという。十数件の相談を常に抱えていた。ここまで来れば、あとは自分でできるね――というところまで子どもがたどり着くには、長い時間が必要だという。

「親からの相談の方が多いですが、子どもからもあります。どの相談者にも、『私はあなたではない。一緒に考えることはできるが、代わりに決めることはできない』ということは、はっきり伝えます。そして、

『自分の思い通りになるようなことはまずない』とも」

五年半続けたので、そろそろいいか――。二〇一二年一〇月に情報公開クリアリングハウスの仕事に復帰した。

「相談に対する対応は、百人百様です。考え始めると終わりがない。ある程度考えたら『これ以上は今日は考えない』と区切ってきたことで続けられたのかもしれません」

■四件の裁判

二〇一七年八月八日、情報公開クリアリングハウスは、外務省と米政府との協議を記した文書を国が裁判所に提出するよう求めて、東京地裁に申し立てた。

文書提出命令の申し立ては、在日米軍の取り扱いを定めた日米地位協定の運用について協議する日米合同委員会の第一回会合の議事録を情報公開請求したことが発端だ。

具体的には、「議事録は双方の同意がない限り公開しない」と合意したことがわかる部分の開示を求めただけなのだが、外務省は「外交安全保障上の支障」を理由に全面不開示を決定。これに対して、取り消しを求める訴えを二〇一五年一二月に起こした。

ところが、提訴後に防衛省が別の訴訟で、この部分を証拠提出していたことが判明した。外務省への情報公開請求前でしかも、誰でも閲覧できた。このため、一転して外務省は開示する決定に変更したという。

裁判は、注意義務に違反して外務省が不開示決定したとして国家賠償請求に訴えを変更して続けることにした。

外務省は、電子メールで照会した米側の担当者の不同意を不開示決定の理由の一つに挙げている。その原文を裁判所に提出することを求めたというわけだ。三木さんは「国の主張は、米側に明確に同意が得られなかったというものではありません。本当に同意を得られなかったのか。開示しないとする判断に至った理由が分かる核心的な文書なのです」と指摘する。

既に公開されている公文書でさえも、そうした事実を把握せず安易に不開示決定を行い、裁判に持ち込まれてようやく開示決定に変更となる。

しかも不開示決定の根拠となる文書は見せない。これが二〇〇一年四月の施行から一七年をへた現行の情報公開法の運用実態なのだ。

情報公開クリアリングハウスではこのほかに、裁判は三つ抱えている。

二つ目は、米軍が〇三年に始めたイラク戦争を当時の小泉純一郎政権は世界に先駆けて支持を表明し、その翌年、戦後初めて陸上自衛隊をイラク南部のサマワに「戦地派遣」した。外務省は二〇一二年一二月に検証報告書をまとめたが、公表したのは四頁の概要のみ。全文の公開を求めたが、不開示決定となったため取り消しを求め一五年七月に提訴した。東京地裁は一八年一一月二〇日、請求を棄却した。朝倉佳秀裁判長は「機微な情報を公にすることで、国の安全が害されると判断したのは妥当だ」と判断した。ただ、裁判の過程で外務省が二度、決定変更を行ったことで本文の分量が一七頁であることがわかったり、部分公開され全体の三分の一程度が明らかになった。三木さんは「過剰な非公開を部分公開させたのは成果だ」と語った。

三つ目は、「森友学園」への国有地売却に関する交渉記録の開示請求で記録そのものが不存在になったため、これも裁判で争うことにして、一七年五月に起こした。

これまで情報公開クリアリングハウスで手がけてきた裁判は一〇件を超える。しかし、残念ながら結果はいずれも「完敗」（三木さん）だった。ただ、裁判で浮かび上がった問題はその後に是正されることも少なくないという。

例えば個人の名前だ。学者や事業者など民間の委員が加わった政府の審議会の議事録などでは民間人の氏名が過剰に伏せられるケースが過去にはあったという。

「裁判で勝つには国側も抽象的でなく、裁判所が納得できるような合理的な主張をしなければならなくなります。そうすると、行政の仕事の内容が具体的に見えてきて、何を変えていけばいいのかということを考える材料にもなります。国側を自分たちのつくった裁判という土俵に引きずり出して、相撲をとりたいと思っています」

■法改正で監視に対抗

特定秘密保護法や共謀罪の趣旨を含んだ組織犯罪対策法が施行されるなど、監視社会化を懸念する声が広がっている。

しかし、国はどんな国民の個人情報を収集しているのか。その全容は分かっていない。三木さんは、田中康夫氏が長野県知事だった際に県個人情報保護審査会委員に起用された。県個人情報保護条例に新たに公安委員会や県警本部を対象に加える改正の検討を行い、他の都道府県条例では個人情報事務取扱登録簿(事務の名称や概要が記載されている)への登録・公表から除外されているのを、長野県では例外を認めないという条例に改正した経験がある(二〇〇七年四月施行)。ただし、記載内容を省略できるのは認めることにしたという。

「テロ対策などで一般人も含めた大量監視が進むと、行政機関がどういうサーベイランスをしているのかが分からなくなりかねません。公開性や説明責任をどう担保していくかが重要になってきます。長野県は全国的には異例の条例改正となりましたが、一〇年たって問題があるとは聞いていません。こうした趣旨の仕組みを国の行政機関を対象にした個人情報保護法にも盛り込んでいく必要があると思います」

そして四つめの訴訟を二〇一八年三月、東京地裁で起こした。相手は警察庁である。行政機関個人情報保護法は、国の行政機関がどのような個人情報ファイルを保有しているかを明らかにするためにファイルの名称や利用目的、項目などを記載した帳簿(個人情報ファイル簿)の作成と公表を求めているが、外交・防衛・治安維持に関してはその個人情報ファイルの存在自体を秘密にできる規定がある。一六年、警察庁に対してどのような個人情報ファイルを保有しているのかを情報公開請求したところ非公開だったが、一二二件のファイル簿を保有していることが判明したという。情報公開・個人情報保護審査会も非公開を妥当とする答申を出したため訴訟に踏み切ったという。一方でDNA型や指紋、掌紋、顔認識といったある程度、個人情報ファイル名を特定した別の情報公開請求では多くの情報が公開され、一八件が明らかになった。三木さんによると、このような判断の違いになるのは情報公開法の解釈上、問題だという。

二〇一七年夏、三木さんは日本海を渡った。「韓国のNPOと日韓の情報公開法の課題について一緒に探っていくことになりました」

外交、防衛、捜査関係の情報は特に厚い壁に守られている。情報公開クリアリングハウスの事務所は、東京の四谷台地に建つ雑居ビルの一室にある。大きな音を立てるエレベーターで事務所のある四階に上がると、遠く北側の台地の上に建つ要塞のような防衛省の市ヶ谷庁舎が目に飛び込んでくる。両者を隔てる深い谷は、情報に接近しようとする者を阻んでいるように思えなくもない。「来年（二〇一九年）五月で情報公開法の成立から二〇年になる。なんとかしなければいけないと思う」。三木さんは、アクセスルートを必ずや見つけ出すに違いない。

■森友決裁文書改竄をどう見るか

学校法人「森友学園」への国有地売却に絡んだ「政治色」を隠蔽しようとした、財務省による組織的な決裁文書の改竄は、安倍政権への国民の不信を広げた。前代未聞の不祥事を公文書管理や情報公開の専門家はどう見ているのか。特定非営利活動法人「情報公開クリアリングハウス」の三木由希子理事長に話を聞いた。

——安倍昭恵さんや政治家の関与をかき消すかのような財務省による文書改竄が一八年三月に発覚しました。

三木氏　政府の活動を記録した公文書の信頼性を大きく損なう行為だ。麻生太郎財務相の国会答弁などを聞くと、改竄は佐川宣寿・前財務省理財局長の責任と決め付けているかのように見える。しかし、政府は森友学園との交渉記録を廃棄したので経緯の説明はしない、という趣旨の答弁を繰り返してきた。たとえ、記録を廃棄していたとしても、交渉を担当した当時の職員に聞き取りを行うなど、確認する方法は他にいくらでもあったはずだ。ところが首相や財務相は、契約経緯の詳細な調査を指示しようとせず、財務省は森友学園側から記録や情報などが出てくると、その範囲を確認して答弁するだけだった。

そもそも決裁文書の改竄は、財務省が経緯を明らかにしていれば起きなかったのだ。調査を指示せず、答弁も良しとしてきたことは、政治的責任の範囲だ。少なくとも佐川氏の国会答弁は、佐川氏の独断ではなく、首相官邸を含めて政治的にそれを良しとしてきたからに他ならない。佐川氏をはじめ理財局や近畿財務局の職員に問題があることは間違いないが、政治の対応のまずさが改竄を生んだとも言える。職員にのみ責任を押しつけるような結果になったとしたら、政治が負うべき責任を行政を盾にして保身を図ろうとしていると言われても仕方がない。責任問題としては本末転倒だ。

――森友学園への国有地売却が社会問題化したのは、売却額は公開が原則のはずなのに、近畿財務局が非公開としたことから、地元市議が大阪地裁に決定取り消しを求めて二〇一七年二月に提訴したことがきっかけでした。情報公開クリアリングハウスも関係文書の開示請求をしていますが、「不存在」という決定を受けたそうですね。

三木氏　財務省が交渉記録を廃棄したと一七年二月に国会で答弁したことを受けてただちに、財務省本省と近畿財務局、そして土地を所有していた国土交通省本省と大阪航空局――といった土地取引にかかわった機関に対して、情報公開請求した。交渉記録に限らず、協議・打ち合わせに関する文書を網羅して請求した。すべてが不存在という予想したとおりの結果だった。決定の取り消しを求めて一七年五月、東京地裁に提訴した。その後、一八年一月には近畿財務局が作成した法律相談文書が毎日新聞などに開示されたり、三月には改竄した文書を公表するなど次々に請求内容を含む文書が出てきている。いったいどこを探していたのか。開示請求した一七年二月は、いま振り返れば、保存期間一年未満なので交渉文書は廃棄したという、佐川氏の国会答弁に合わせた改竄が始まった時期と重なる。財務省は勝手に開示請求のあった対象文書を狭く「交渉記録」だけと解釈して、不存在の決定を出した可能性もある。そうだとすれば情報公開制度の信頼性を損ねる大きな問題だ。裁判では詳しく説明をしてもらいたいと思っている。

――会計検査院は二〇一七年一一月に「値引きの根拠が不十分」とする報告書をまとめましたが、検査院は「書類が書き換えられていると思わなかった」と言っています。

三木氏　会計検査院は、改竄前の文書も取得しており、内容の異なる決裁文書の存在に気づきながら、財務省の「ドラフト（草稿）」という説明を鵜呑みにして、見過ごした。会計検査院の仕事は、単にお金の帳尻が合っているかだけを見れば良いというわけではないはずだ。憲法に根拠のある独立性の高い機関として、行政機関の業務のプロセスを熟知し、検査の専門家としての質の高い仕事が求められている。非公開で調査しながら、専門機関としての力量不足が露呈したとも言える。会計検査院は、財務省に騙されたかわいそうな被害者などでは決してない。

――内閣府は、森友・加計学園や陸上自衛隊の日報問題を受けて行政文書管理のガイドラインを改正し、一八年四月に施行しました。

三木氏　公文書というのは、政府の活動の結果として生まれてくる。その文書に問題があるということは、政治的なリーダーシップをはじめ政策遂行のプロセスに問題があることを示している。そこでどう是正を図るかだが、現象面だけをみて原因をしっかりみないと結局、問題は解決しない。

朝日新聞が一七年五月に報じた、文部科学省で「総理のご意向」文書が作成されていたことを問題視し、今後は、省庁が外部と協議した記録は、相手方の確認を取ることにした。行政文書に当たるかどうかを課長級の責任者が内容を確認することにもなった。どういうことが起こるだろうか。職員は、余計な表現は避けようとするし、そもそも文書の作成自体を控えるようになるだろう。文書の内容が簡略化されたり、文書が作成されないようになって情報そのものが貧弱になってしまうと、情報公開法や公文書管理法をどんなに整えたところで意味がなくなってしまう。

いったんは、防衛省が廃棄したと説明していた南スーダン、そして一八年はイラクに派遣された陸上自衛隊の日報が実は存在していたことがわかり、隠蔽だとして批判を受けている。しかし、日報が存在していた理由は業務上必要性があるからだ。それを一年未満の保存期限とする判断をしたことがそもそも問題。ガイドラインは、保存期間を過ぎたら徹底廃棄ということをふくんでいるので、管理を徹底しようとするほどかえって必要な文書が次々に廃棄されかねない。

ガイドラインの改正内容は、原因と解決策が合っていない典型例だ。

――決裁文書の改竄は、朝日の三月二日朝刊のスクープによって発覚しました。

三木氏　朝日の報道は、ファクトに基づいた健全なジャーナリズムを示した。情報公開制度といったオーソドックスな手段では、恣意的だったり悪意があると今回のようには出てこない。限界がある。そして、今度は毎日新聞も三月八日夕刊で、朝日の報道を裏付ける別の文書の存在を特報した。毎日は、一八年一月二〇日朝刊で、近畿財務局が法務担当者と相談した内容を記載した文書の存在を報じている。世の中は、目に見えていることだけがすべてではないことを思い起こさせてくれた。私たち市民は、虚偽の情報を前提に議論を進めるところだったが、ジャーナリズムが健全に機能すれば、社会の再構築は可能なことを示してくれた。一七年一〇月には衆院選もあった。財務省が一年前に文書を公開していれば、改竄することもなく森友学園問題は、まったく違った展開になっていたに違いない。

――財務省による文書改竄を受けて、罰則規定の新設といった公文書管理法などの法改正を求める声も出ています。

三木氏　法改正が重要でないというわけではないが、より本質的な問題は、どうやって政府活動の質を高め、適正性を確保していくかだ。財務省は内部で改竄という問題が起きても自らの力で不正を発見し、是正できる組織ではなかった。内部だけによる監察の限界を示したと言える。朝日の報道がなければいまも改竄の事実に、ほおかむりしたままだったろう。消えた年金記録問題で社会保険庁は廃止されたが、その後に設置された日本年金機構で委託業者に対するずさんな管理が発覚した。仮に財務省を解体できたとしても財務省の業務をなくすわけにはいかない。それではどうしたらよいのか。人事、財政、権限が各省庁から独立した外部の組織による監察機関を設けることも検討すべきではないか。

政府には健全な仕事をしてもらわないと最終的に損をするのは私たち市民なのだ。

第4章
元「慰安婦」に寄り添う

池田恵理子（女たちの戦争と平和資料館名誉館長、元NHKディレクター）

アクティブ・ミュージアム「女たちの戦争と平和資料館（wam）」には179人の被害に遭った元「慰安婦」の女性のポートレート写真が飾ってある

■日本人の無関心に憤り

二〇一八年三月二八日の東京・新宿。この日は朝から青空が広がった。午後になると気温は二〇度を超え、初夏を思わせる蒸し暑さだった。

おしゃべりに夢中の若い女性会社員の二人。ヘッドホンをしながら、スマホ画面を見たまま歩く男子学生。ネクタイを緩めて先を急ぐビジネスマン。デパートの大きな紙袋に買い物を詰め込んだ中年女性。そして、スーツケースを引きずるように南口のバスターミナルを目指す外国人旅行客。雑踏はいつまでも途切れることはない。

——東京有数のターミナル駅であるＪＲ新宿駅西口のいつもの風景だ。

ただ、この日だけはいつもと少し違った。昼過ぎになると、十数人の女性たちが集まった。原則として毎月、第三水曜日に行う「水曜行動」だ。

彼女たちが掲げた横断幕には、こんな言葉が記されている。

〈加害の事実を直視して謝って！〉
〈若者たちを二度と「慰安婦」にしないで！〉
〈歴史の事実を伝えて！〉

韓国・ソウルの日本大使館前では、元「慰安婦」の女性たちが毎週水曜日にデモを行っている。一九九二年一月から始まった「水曜デモ」。この同じ月に、朝日新聞が「慰安所　軍関与示す資料」と報道。宮沢喜一首相は、盧泰愚《ノ・テウ》・韓国大統領に謝罪した。デモは、二〇〇二年三月に五〇〇回を数え、同じテーマでの最長デモとしてギネスブックに登録された。東京での街頭行動とは頻度も規模も比べものにならないほど大きい。九一年八月に元「慰安婦」の金学順《キム・ハクスン》さん（一九九七年一二月、七三歳で死去）が長い沈黙を破って初めて実名で被害の実態を訴え、一二月には金さんら九人の元「慰安婦」が中心となって日本政府を相手に謝罪と賠償を求める裁判を東京地裁に起こしていた（二〇〇四年一一月、最高裁は上告を棄却し、原告敗訴が確定した）。二〇一一年一二月には「水曜デモ」は一〇〇〇回を突破した。

この活動に応える形で日本各地で「水曜デモ」が行われているが、東京では、「日本軍『慰安婦』問題解決全国行動」に集う団体や個人が中心となって「水曜行動」を一七年七月から始めたのだ。三月で八回目となる。この日、参加した十数人のうち男性は一人だけだった。

メンバーが代わる代わるにマイクを握った。

「いまも世界各地で戦争が起きている。兵士による女性へのレイプは必ず起きる」「『慰安婦』制度という仕組みが問題だ。女性の人権問題を一緒に考えよう」

日本語だけでなく、英語、中国語、韓国語で印刷した二種類のビラを三五〇枚ほど用意した。元「慰安婦」の女性の顔写真のパネルも手に持って、声をからす彼女たちの訴えに、関心を向ける通行人はほとんどいない。まるでそこには誰もいないかのように誰も足を止めずに目の前を通り過ぎるだけだ。ビラを受け取る人も二〇人に一人いたかどうか……。

一七年秋、米国のハリウッド女優たちのセクハラ被害の訴えをきっかけに世界中に広がった「#MeToo」運動。

「Me Too With You」——。最後にそう大きな声を上げて一時間ほどの街頭行動を終えた。

■「ふざけるな」と拒絶され

この日、市民の反応はどうだったのか。たまたま関心の低い人たちばかりだったのか。

「いつもこのようにあまり反応はありません。年齢も男女の区別なく、日本人の『慰安婦』問題への関心は極めて低いです。チラシを渡そうとしたお年寄りの女性に『ふざけるな』と拒絶されたときはひどくがっかりしました。むしろ観光で来日している外国人の方が関心は高いかもしれません」

池田恵理子さんは、そう言って手元のビラを見つめた。この日、自らもトップバッターで道行く人たちに呼びかけたが、受け取ってくれた人は、ほんのわずかだ。

「ビラを受け取ってくれたのは、せいぜい一〇人かな。日韓の政府間で交わされた『合意』では決して問題は解決できないのに、日本人のほとんどは『慰安婦』問題は過去のことだと思っていますから……」

日韓の「合意」とは、韓国大統領が朴槿恵《パク・クネ》氏だった二〇一五年一二月、日韓両政府が「最終的かつ不可逆的な解決」で合意したことを指す。「慰安婦」を含めた賠償について日本政府は、日韓基本条約（一九六五年）と同時に締結された「日韓請求権協定」で解決済みとする立場だ。二〇一五年一二月に合意された「不可逆的解決」の背景には、韓国の憲法裁判所が、元「慰安婦」の日本政府に対する個人賠償請求権の解釈に、日韓の政府間では違いがあり、韓国政府はその解決に乗り出す義務があるにもかかわらず、放置したままだったとして、違憲判決を出したことがある（二〇一一年八月）。一七年五月に現在の文在寅《ムン・ジェイン》政権が誕生。文大統領は一八年一月に日本政府と再交渉はしないが、事実上、この合意を白紙に戻す新方針を発表した。「被害者当事者たちの意思を反映していない合意は真の解決にはなり得ない」。ただ、日本政府には「被害者の名誉と尊厳の回復と心の傷の癒やしに向けた努力」を求めた。韓国政府は一八年一一月、元「慰安婦」支援のための「和解・癒し財団」の解散を発表した。

「元『慰安婦』の人たちの意思を尊重せず、置き去りにしたまま、日韓の政府だけで勝手に解決した、と宣言したところで、本当の意味での『慰安婦』問題の解決に結びつかないことは、最初から明らかだったのです」

池田さんは、そう考えている。

池田さんは一八年三月上旬にソウルで開かれた「第一五回日本軍『慰安婦』問題解決のためのアジア連帯会議」に参加した。韓国や中国、台湾、フィリピンやインドネシア、東ティモールといったアジア地域だけでなく、ドイツや米国、豪州やニュージーランドなどの慰安所が設置されていなかった国からの参加者もあり、国際的な関心の広がりを感じたという。

アジア連帯会議は日本政府に対し、▽犯罪事実を具体的かつ明確に認定し、被害者への謝罪と法的な賠償、▽保有する一切の資料を全面公開し、追加的な資料調査を行い、徹底的な真相の究明、▽義務教育課程のすべての教科書に記述し、学校教育と社会教育を通じた再発防止――など六項目の要求を決議した。池田さんが帰国した後の三月二二日。参議院議員会館で「日本軍『慰安婦』問題解決全国行動」が開いた集会に外務省(人権人道課、地域政策課、北東アジア課)、内閣官房の担当者計五人を招き、決議文を提出した。外務省の担当者は「ぜひ目を通させていただきたい」と述べたが、その後、日本政府から回答はないという。

■爆破予告も

アクティブ・ミュージアム「女たちの戦争と平和資料館(ｗａｍ)」の名誉館長――。設立の準備段階からかかわってきた池田さんの肩書だ。ｗａｍは、二〇〇五年八月に新宿区西早稲田の早稲田大学からほど近い早稲田奉仕園内の一角で開館した。池田さんはＮＨＫを退職した一〇年九月から館長を引き受け、一八年四月から名誉館長になった。

歴史をひもとけば戦争が起きると、まず犠牲になるのが女性や子どもたちだ。平和を祈念する資料館は、全国各地にあるが、戦時での女性に対する性暴力、特に旧日本軍が日中戦争からアジア太平洋戦争にかけて占領した、中国大陸やアジア太平洋地域に軍管理の下で開設された慰安所で日本軍の将兵のために働かされた「慰安婦」の被害や日本軍による加害の実態を記憶・記録し、後世に伝える資料館はｗａｍが初めてだという。

一一五平方メートルほどの広さの館内は、「慰安婦」問題を考えるための展示や資料のコーナー、打ち合わせなど多目的に利用するためのスペースなどに分かれている。元「慰安婦」の人たちが起こした一〇件の裁判や、二〇〇〇年一二月に東京で開かれた「女性国際戦犯法廷」に関する資料を閲覧できる国内で唯一の施設というのが特色だ。

来館者がもっとも衝撃を受ける展示は、玄関の前に広がる「エントランス」の壁にある写真だろう。旧日本軍による性暴力被害に遭った各国一七九人のモノクロのポートレート写真が飾ってある。みな笑顔で来館者を迎えてくれるのだが。

見応えがあるのは、日本の中学校で使用される歴史教科書から「慰安婦」の記述が減っていく経緯を記した年表と、アジア全域にわたって慰安所が設置された様子が一目でわかる「慰安所マップ」のパネルだ。日本政府が旧日本軍の関与と、「慰安婦」の強制性を認めた一九九三年の「河野談話」には「歴史研究、歴史教育を通じて、永く記憶にとどめ、同じ過ちを決して繰り返さない」との文言が盛り込まれた。一九九七年度版からは七つの全教科書会社が発行する中学の歴史教科書に「慰安婦」が記述された。

しかし、歴史教育はすぐに頓挫する。九七年二月に安倍晋三首相が事務局長を務めた「日本の前途と歴史教育を考える若手議員の会」が発足した。代表は中川昭一・元財務大臣（二〇〇九年死去）で、メンバーには菅義偉官房長官や高市早苗・元総務大臣ら安倍政権を支える顔ぶれが参加していた。こうした、右派政治家らによる教科書批判が強まると、「慰安婦」の記述は次第に減り、二〇〇六年度版では教科書本文からはついに消えた。現在は、一六年度版で検定を通った「学び舎」版だけだ。採用した難関進学校とされる私立灘中学は、右派らの標的になり、抗議が殺到したという。

「慰安所マップ」からは、「エントランス」で見た、元「慰安婦」の出身国が日本の統治下にあった朝鮮半島や台湾はもちろんのこと、中国やフィリピン、ミャンマーやインドネシア、東ティモール、そしてオランダと、日本軍が占領した多くの国々に広がっていることが一目でわかる。国際社会が「慰安婦」問題に関心の高い理由が納得できるように工夫したという。

「日本政府は、国際社会にした約束を破りました。韓国では若い人たちの間でも『慰安婦』問題への関心が高まっているのに、日本の若い世代はそもそも『慰安婦』問題について学んでいないために知らないのです。中にはネット上の誤った情報を鵜呑みにして『慰安婦』は戦場に稼ぎに行った売春婦だと考えている高校生もいます」

日本の複数の裁判所でも本人の意に反して「慰安婦」にさせられたことを認定している。「司法が認定した日本軍『慰安婦』」（かもがわブックレット）によると、元「慰安婦」の女性が日本政府を相手に起こした損害賠償請求訴訟は全部で一〇件（一九九一～二〇一〇年）。このうち地裁、高裁とも七件、訴訟全体では一〇件のうち八件で裁判所は元「慰安婦」側の主張する被害の事実を認定している。例えば、金学順さん＝一審途中で死去＝ら九人が原告となった「韓国遺族会」裁判（一九九一年提訴）では、東京高裁はある元「慰安婦」について「釜山駅近くの路地で日本人と朝鮮人の男性二人に呼び止められ、『倉敷の軍服工場にお金を稼ぎに行かないか』と言われ、ラバウルに連行された」とし、別の女性にも「数え一七歳の春、一〇人位の日本人の軍人に手をつかまれて捕らえられ、トラックと汽車を乗り継がされ、オオテサンの部隊の慰安所に連れて行かれた」と認定している（二〇〇三年判決）。本人による証言以外の証拠は乏しいかもしれない。

しかし、唯一原告が一部勝訴した「関釜」裁判（一九九二年提訴）で、山口地裁下関支部は「慰安婦原告らは、自らが慰安婦であった屈辱の過去を長く隠し続け、本訴にいたって初めてこれを明らかにした事実とその重みに鑑みれば、本訴における同原告らの陳述や供述は、むしろ、同原告らの打ち消しがたい原体験に属するものとして、その信用性は高い」と述べている（九八年判決）。裁判所が認定した事実はいわゆる「売春婦」「公娼」の実態とは集め方からして大きく異なるのである。

二〇一六年秋と一七年春。wamに爆破を予告する郵便物が届いた。これまでネットや手紙・メール、電話などでwamの活動を妨害するような脅しはたくさんあったが、爆破のターゲットになったのは初めてだった。文面には「警告する!! 従軍慰安婦の展示物を早急に撤去せよ　さもなくば重大な事態になる事を承知せよ」などとあったという。地元の戸塚警察署に届けたが、容疑者はいまもわからない。

「日本は、本当に平和で人権を尊重する民主的な国なのでしょうか」

■NHK「慰安婦」番組改変

「かつてこの番組を見たときは、怒り狂って呆然としました。どうしてこんなひどい番組が出てしまったのか、と。ところがいま、同じ番組をこうして見ていると、『慰安婦』問題というテーマをメディア、特にテレビがきちんと取り上げてこなかった空白期間があまりに長かったからでしょうか。〝改ざん番組〟なのに妙に新鮮で興味深く感じられることに改めてショックを受けています」

二〇一七年二月一二日にメディア総合研究所（東京都新宿区）が開いたシンポジウム「改めて問う『NHK番組改変事件』～『ETV二〇〇一』事件から一六年～」。パネリストの一人として参加した、池田恵理子さんは、そう切り出した。

シンポのテーマとなったNHK番組は、二〇〇〇年一二月に東京の靖国神社に近い九段会館で開かれた「女性国際戦犯法廷」を取り上げた「シリーズ戦争をどう裁くか　第二回　問われる戦時性暴力」(二〇〇一年一月三〇日放送)。会場で上映された。

この番組をめぐっては、安倍晋三首相(当時は官房副長官)が〇一年一月の放送前日(二九日)にNHKの松尾武・放送総局長(当時)や、国会対策担当だった総合企画室の野島直樹担当局長(同)と面会し、「公平、公正に」と要求。その意を受けた幹部が番組の制作現場に乗り込み、番組内容が大幅に改変された。実はこうした圧力は安倍首相だけからではなかった、安倍首相が事務局長を務めた「日本の前途と歴史教育を考える若手議員の会」のメンバーらによるNHKへの圧力も長く伏せられていた。それが〇五年一月、放送当時は番組デスクだった長井暁氏(二〇〇九年、NHK退職)の内部告発によって明るみに出た。長井氏の証言は、朝日新聞が先駆けて報じた(二〇〇五年一月一二日朝刊)。

放送史に残る政治家による番組介入事件だった。

女性国際戦犯法廷は、韓国、中国、フィリピン、インドネシアなど日本の植民地だったり、日本軍が占領したアジア各地で「慰安婦」にさせられた被害女性や加害兵士ら当事者が出廷し、市民らが「国際法廷」の形式で昭和天皇を頂点とする日本軍による当時の戦時性暴力の責任を問うための民衆法廷だ。池田さんは、主催団体だった「『戦争と女性への暴力』日本ネットワーク」(VAWW―NETジャパン)のメンバーとして運営にかかわった。右翼による抗議は、同団体へも向けられていた。池田さんは「九段会館で開催できなくなる事態を想定して、別の会場も押さえていました」と明かす。九段会館での開催は実現できたが、会場外の右翼による街宣活動で緊張感が高まったという。

池田さんらが苦労して開催した「国際法廷」だった。ＮＨＫからの取材協力の求めに応じ、関係者は放送に期待を寄せた。だが、番組内容はそれを裏切るものだったのだ。起訴状の内容紹介もなく、昭和天皇に対する有罪判決という結論も伝えられなかった。加害兵士の証言はカット。被害女性の証言さえ、わずかしか取り上げられなかった。事前にＮＨＫから受けた説明とは大きく異なる内容だったのだ。

元「慰安婦」の救済を訴える女たちの戦争と平和資料館・名誉館長の池田恵理子さん＝2018年3月29日、新宿区のＪＲ新宿駅西口付近で

「企画の内容とはまったく違っていました。国際法廷に冷ややかで否定的なトーンが番組全体を覆っていたのです」

主催団体は、ＮＨＫに加え、ＮＨＫエンタープライズ21（ＮＥＰ）とドキュメンタリー・ジャパン（ＤＪ）の制作会社二社の計三社を相手に損害賠償を求めて提訴した。一審・東京地裁はＤＪ一社に一〇〇万円の支払いを命じ、ＮＨＫとＮＥＰの責任は問われなかった。しかし、東京高裁は二〇〇七年一月に「相手の発言を必要以上に重く受け止め、その意図を忖度して改変した」と認定し、期待権を侵害したとしてＮＨＫなど三社に計二〇〇万円の支払いを命じる原告勝訴の判決を言い渡した（二〇〇八年の最高裁ではＮＨＫ側が勝訴し、忖度についてはは言及しなかった）。

この番組改変事件はＮＨＫのその後の放送方針に大きな影を落とす。今日、「慰安婦」問題が国際的な関心を集める中でも被害者の視点から掘り下げた番組の制作は長くタブーとなってしまったのだ。

そうした中で、一七年一月二四日、「慰安婦」番組がようやく放送された。「クローズアップ現代＋」の枠で放送された「韓国　過熱する〝少女像〟問題　～初めて語った元慰安婦～」だ。ところが、池田さんを再び大きく落胆させる内容だった。日本政府の主張に沿った、都合のよい元「慰安婦」の証言や歪められた事実ばかりが並んだのだ。ＶＡＷＷ－ＮＥＴジャパンの後継団体、「戦争と女性への暴力」リサーチ・アクション・センター（ＶＡＷＷ　ＲＡＣ）は、上田良一ＮＨＫ会長らに「ＮＨＫは『慰安婦』問題の報道に関して萎縮し、政府の意向を忖度し、自主規制してきましたが、今回ほど露骨に現れた番組はない」とする抗議文を提出した。

池田さんは「ＮＨＫの回答は『問題ない』というものでした。安倍首相らによる政治介入を受けた番組でさえ、今見るとしっかりした『慰安婦』番組であるかのように感じる世の中になってしまったようです。多くの海外メディアがｗａｍに取材に来ますが、日本のメディアはほとんど来ません。ディレクターらから相談を受けることもありますが、『慰安婦』問題を正面から取り上げる番組制作は日本ではいまも難しいようです」と話した。

■文学少女がＮＨＫに就職

典型的な文学少女だった。童話や小説を書くのが好きだったし、東京都立駒場高校時代は文芸部長も務めた。この時期、世界中を覆ったベトナム反戦運動は日本の高校生にも影響を与えた。池田さんも丸山真男の著作を読みふけるようになり、手にする本はサルトルやボーボワールにも広がった。生徒会活動にも参加し、一九六九年四月に進学したのは、早稲田大学政治経済学部政治学科。旧府立第三高女を前身とする駒場高校では女子生徒の方が多かったが、一転して大学では男子学生に囲まれるようになった。平均すると女子学生は一クラスに一人しかいなかったという。サークルは「政治研究会」に所属した。自分の言いたいことは、自らガリ版で印刷して、学内で配布した。大学時代は勉強も怠らなかったし、アルバイトにも精を出したという。

「弟や妹がいたので自分で学費を稼がないといけなかったのと、デモで逮捕された学友の保釈金をカンパする必要がありました。水商売以外は何でも面白がってやりました。興信所から銀行の窓口まで。賃金アップを求めてバイト生で労働組合を作ったこともありましたが、当時はおおらかでクビにもなりませんでした。おかげでどんな仕事もできるという自信がつきました」

一九七三年四月に就職先として選んだのがＮＨＫだった。池田さんは「当時のメディアはウーマンリブ運動を『ブスのヒステリー』とちゃかしてしか取り上げず、その報道にストレスがたまっていました。それなら自分が中からメディアを変えてやろうと思いました。ＮＨＫは学生から見れば保守中の保守だったのです」と理由を明かした。入ってみると同期の女性ディレクターはわずか三人。そのうちの二人は数年で結婚退職した。ＮＨＫは女性をディレクターとして育てる気はないのだとわかって、ＮＨＫの外でも映像制作の勉強を始めたという。原一男、小川紳介といった人たちのドキュメンタリー映画の上映会に行っては監督やスタッフに論戦を挑んだという。ＮＨＫでは、家庭番組班を振り出しに、教養番組班を行き来し、「おはようジャーナル」「現代ジャーナル」などの番組を制作した。

▽「痴漢と闘う」（一九七六年）
▽「富士見産婦人科病院事件」（一九八〇年）
▽「二一世紀は警告する――小さな家族の大きな崩壊」（一九八四年）
▽「性暴力シリーズ・性的いやがらせ、メディア、男の性」（一九八九年）
▽「埋もれたエイズ報告」（一九九四年）――。

番組名からも池田さんが常に弱者の視点に立っていることがわかる。

インドネシア軍による弾圧が続く東ティモールに密かに入国した際にはジャーナリストと見抜かれないようパスポートを洗濯機にかけて海外取材の足跡を消し、ミッションスクールの教師を装ったという。圧政下の現場をルポし、独立派の指導者のインタビューにも成功した。この取材は「東ティモール最新報告」（九四年）として放送された。命の危険と隣り合わせの取材もいとわなかった。

池田さんがＮＨＫのディレクターとしては結果として最後となるテーマに選んだのが「慰安婦」問題だった。九一年から九六年までで八本。番組が放送されるたびに右翼からの嫌がらせがあった。ＮＨＫに

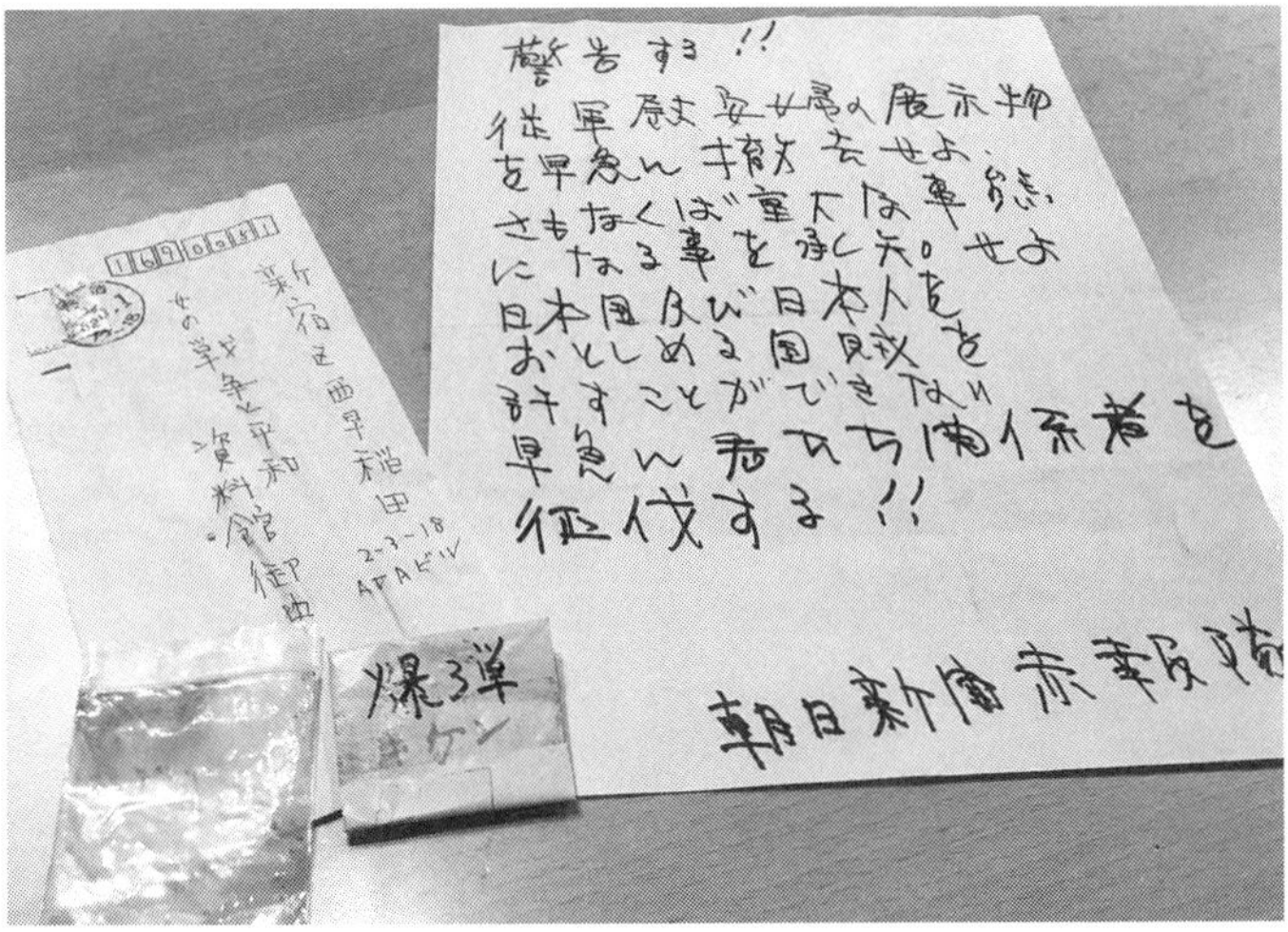

「警告する‼　従軍慰安婦の展示物を早急に撤去せよ　さもなくば重大な事態になる事を承知せよ」——。ｗａｍ宛てに送りつけられた脅迫状と火薬

押しかけてきた右翼には「反日分子」「売国奴」とののしられたが、「あなたたちこそ日本をおとしめている。私の方が愛国者だ」と面と向かって言い返した。「池田先生はご在宅ですか」と言って、いかつい五～六人の男が突然、実家に現れることもあったという。

八本の中で最も時間と制作費をかけたのが「アジアの従軍慰安婦～五一年目の声」（九六年一二月放送）だ。元「慰安婦」を訪ね歩き、生涯消えることのない心の傷と、それを負ったまま生きなければならなかった過酷な戦後を追いかけた。一方、慰安所の運営にかかわった旧日本軍の関係者や、慰安所を経営していた業者にもインタビューした。人間をあたかも武器弾薬かのように戦場に送り込むシステムを浮かび上がらせた。この番組の取材過程で起きた法務省とのトラブルが原因で、池田さんは九六年六月に左遷となった。ＮＨＫ関連会社のＮＨＫエンタープライズ21（現ＮＨＫエンタープライズ）のプロデューサーに異動した。

それ以降、池田さんの出す「慰安婦」企画は通らなくなったという。翌九七年は「慰安婦」問題にとっては分水嶺の年だった。中学校のすべての歴史の教科書に「慰安婦」が記述される一方で、「新しい歴史教科書をつくる会」や「若手議員の会」、「日本会議」が発足したのである。

二〇〇六年にＮＨＫに復帰したが、勤務先は過去の番組の公開を担当する埼玉県川口市にある「ＮＨＫアーカイブス」。一〇年八月の定年退職まで通った。「女たちの戦争と平和資料館」（ｗａｍ）の開館から六年目の一〇年九月、池田さんは館長に就任した。Ａ４判の大学ノートに書き留めてきたｗａｍの日々の出来事は、七〇冊を超えた。

■元徴用工判決に批判一色

二〇一八年一一月二一日の「水曜行動」。道行く人たちの反応は、いつになくトゲトゲしかった。

「惨憺たる状況でビラも五人くらいしか受け取ってくれませんでした。思い出すと辛くなって、胸が痛くなりました」

この日、池田さんだけでなく参加した多くの人が同じように感じたという。理由は想像がついた。

それは、韓国人の四人の元徴用工に強制労働をさせたとして韓国の最高裁（大法院）が一〇月三〇日に新日鉄住金（旧日本製鉄）に対して一人当たり約一億ウオン（約一〇〇〇万円）の賠償を命じる二審判決を支持し、同社の上告を棄却した、という報道の影響だ。安倍首相は判決を「国際法に照らして、あり得ない判断だ。政府として毅然と対応する」と訴訟の当事者でないにもかかわらず異例の言及をした。日本政府は、一九六五年の日韓請求権協定に基づき解決済みという立場だからだ。経済協力として五億ドルを供与したことで、日韓両国と国民間の財産や請求権問題は「完全かつ最終的な解決」を確認したということが根拠になっている。これに対して、大法院は「原告が求める慰謝料請求権は、請求権協定の適用対象に含まれていたとみるのは難しい」と判断したのだ。

大法院判決を取り上げた日本のメディアの報道は、日本政府を支持する立場からの論評が大半を占めた。例えば、朝日社説は「政府が協定をめぐる見解を維持するのは当然」（一〇月三一日）とし、毎日社説は「主体的に問題解決を図るべきは韓国政府だ」（同）と韓国政府に対応を求めた。一方、テレビも厳しい。判決当日のテレビ朝日の報道番組「報道ステーション」の富川悠太アナウンサーは、「韓国政府は何かあると日本の悪口みたいなことを言って人気取りみたいなことがあった」と揶揄し、日本テレビの報道番組「ｎｅｗｓ　ｚｅｒｏ」では、小野高弘解説委員が「韓国は過去を掘り返して検証し直すということをよくやるんですよ。韓国の裁判は、世論を特に意識しますから、その上での判断だった」と批判一色だった。

さらに「慰安婦」問題でも大きな動きがあった。韓国政府が「和解・癒し財団」を解散する意向であることに対して、日本政府が不信感を強めているという報道が一〇月末から報じられるようになった。そして、「水曜行動」の当日（一一月二一日）には「韓国政府が慰安婦財団の解散発表」というニュースが流れた。

こうした報道が「慰安婦」問題への冷たい態度の背景にあるというわけだ。

「徴用工問題は解決済みだ、とする日本政府でさえも個人が賠償請求する権利は消滅していないという解釈だ。国家による人権侵害は、被害者を中心に救済することが国際的な流れということを考えれば、一方的な判決批判の報道はおかしい」

池田さんは、日本政府の主張に偏った報道ぶりに落胆した。

NHK時代は管理職の抵抗が強いテーマこそ社会にとってはすごく重要なのだと思って頑張って番組をつくってきました。日本政府は、wamが力を入れているユネスコの世界記憶遺産への「日本軍『慰安婦』の声」の登録を必死に妨害していますが、実現したいと思っています――。池田さんはそう力を込めて語った。


アクティブ・ミュージアム「女たちの戦争と平和資料館」東京都新宿区西早稲田二の三の一八　AVACOビル二階　開館時間水～日午後一時～六時。入館料一八歳以上五〇〇円、一八歳未満三〇〇円、小学生以下無料。〇三・三二〇二・四六三三。ホームページアドレスは、https://wam-peace.org

第5章

セクハラを許さない

松元千枝（メディアで働く女性ネットワーク代表世話人）

福田淳一財務省事務次官によるセクハラ被害や、山口敬之・元ＴＢＳワシントン支局長からの準強姦被害を訴える女性の告発を報じる『週刊新潮』（2018 年 4 月 19 日号、2017 年 5 月 18 日号）。

■セクハラ被害でネットワーク結成

二〇一八年五月一四日午後三時の厚生労働省内にある記者会見室に集まった記者はいつもの顔ぶれとは異なっていた。

普段であれば、厚生労働記者会に所属する大手メディアの担当記者ばかりだが、この日は所属していない女性記者たちも大勢駆けつけ、会見室は人であふれかえった。ネットメディア、フリーランスのライター、そして、外国メディア……。NHKなどの放送局のカメラもずらりと並んでいた。

記者たちの関心を集めたのは、同じジャーナリスト仲間が立ち上げた「メディアで働く女性ネットワーク」(WiMN)の発足である。正社員や非正規社員、フリーランスといった職域を超えた職能団体だという。

会見者はWiMNの代表世話人で、「新聞通信合同ユニオン」委員長を務める松元千枝さんと、もう一人の代表世話人で元朝日新聞記者の林美子さんの二人。「合同ユニオン」は、新聞・通信社などで働く非正規の社員や、フリーランスでつくる労働組合で日本新聞労働組合連合(新聞労連)に加盟している。

「取材先や所属する組織内での女性差別、セクシュアル・ハラスメントはいまだに存在しています。これまで恥ずかしさや、取材先との関係が壊れることへの心配などからなかなか声をあげられませんでした。私たち自身が、声なき声の当事者だったのです。今こそ、セクシュアル・ハラスメントを含むありとあらゆる人権侵害をなくす時だと決意を固めています。女性がメディアで働きやすい環境を作ることは、民主主義社会の根幹を強化していくことなのです」——。林さんが設立趣意書を読み上げた。

松元さんは「ジャーナリストとして、おかしいことをおかしいと指摘することができない社会こそ憂うべきです。これは、人権であり、報道の自由の問題であると考え、目をそらさずに向き合っていきたいと考えています。（ＷｉＭＮは）マイノリティーの女性が集まり、支えあってエンパワーしていくことが目的です。男性に対するセクハラ被害の実態調査も必要だと思います」と語った。

取材する側も会見者と一体化したような空気に包まれていた。

■前財務次官問題が発端

財務省の福田淳一前事務次官によるセクハラ被害をテレビ朝日の女性記者が『週刊新潮四月一九日号』（四月一二日発売）で行った告発は、一七年一〇月に米ハリウッドの著名な映画プロデューサー、ハーヴェイ・ワインスタイン氏による性被害を有名女優らが訴えたことをきっかけに広がった『＃Ｍｅ　Ｔｏｏ』運動の日本での展開に火をつけることになった。週刊誌の発売に先駆けて、ネットの「デイリー新潮」は一部を前日の一一日夕、公開した。それは次のような内容だった。

福田　胸触っていい？
記者　ダメですよ。
福田　手しばっていい？
記者　そういうことホントやめてください。

福田　おっぱい触っていい？

福田前次官が四月四日夜に自宅近くのバーで取材を受け、テレビ朝日記者に浴びせた暴言だ（同じ日の夜、NHKは森友学園問題で財務省が学園側に「トラックを何千台も使ってごみを撤去したと言ってほしい」などと虚偽の説明をするよう求めていた、とスクープを報じていた）。被害者がテレビ朝日の記者であることが分かったのは、四月一九日午前零時からテレビ朝日の篠塚浩取締役報道局長らが緊急記者会見を行ったからだ。一八日の報道ステーションで社内調査の結果、被害者はテレビ朝日の記者であり、録音が存在することを報じていた。

福田前次官は当初、『週刊新潮』の報道を否定し、麻生太郎財務大臣も調査や処分も必要ない、福田氏に人権はないのか——などとかばった。一六日には、財務省は調査協力を名目に顧問契約を結ぶ銀座総合法律事務所に名乗り出るよう呼びかける無神経ぶりを見せた。

新潮社が四月一三日にネット上で公表したやりとりの音源のインパクトは凄まじかった。「動かぬ証拠」となり、福田前次官は結局、一八日に辞任発表に追い込まれた。しかし、麻生大臣による妄言は、財務省が福田氏によるセクハラ行為を認定し、福田氏の辞任（四月二四日の閣議で承認）した後も止まらなかった。「はめられて訴えられているんじゃないかとか、いろいろなご意見が世の中にはいっぱいありますので、本人の人権を考え、双方の話を伺った上でないと決められない」（四月二四日の閣議後の記者会見）「『セクハラ罪』という罪はない。殺人とか強制わいせつとは違う」（五月四日マニラで記者団に）。福田氏をかばい続け、挙げ句は担当記者から女性を外せばいいと発言する始末だった。麻生大臣が「あ、おわび申し上げます。はい」と謝罪を口にしたのは、五月一四日の衆院予算委員会。財務省が福田氏によるセクハラを認定し、「減給二〇%・六カ月」の処分を四月二七日に発表してから半月以上もたっていた。ＷｉＭＮは、麻生大臣に対して「セクシュアル・ハラスメントを矮小化し、被害者に二次被害を与える度重なる発言の撤回と謝罪を求めます。麻生大臣は、自らセクシュアル・ハラスメントの研修を受けてください」とする五月一五日付の要請書を送った。

メディアで働く女性ネットワークの発足について説明する代表世話人の松元千枝さん－2018年5月14日、厚生労働省の記者会見室で

暴言は、財務省からばかりではない。自民党からも相次ぐ。テレビ朝日記者がセクハラ被害から身を守るためにした録音を『週刊新潮』に提供して告発したことに対し、下村博文・元文部科学相は「福田事務次官はとんでもない発言をしたかもしれないけど、そんなの隠しとっておいて、テレ

ビ局の人が週刊誌に売るってこと自体が、はめられてますよね。ある意味、犯罪だと思う」と発言した。

長尾敬衆議院議員は、自分のツイッターに黒い服で抗議する野党の女性議員らの写真を示して「私にとって、セクハラとは縁遠い方々。私は皆さんに絶対セクハラは致しませんことを、宣言致します」と書き込んだ。その後、「心からおわびを申し上げたい」と謝罪し削除した。

二階俊博幹事長も感覚を疑う発言をしている。「人それぞれ問題のとらえ方がある。そんなに目くじらを立てて張り切らなくても、聞き置いたらどうですか」。二階氏のこうした鈍感ぶりが三カ月後の杉田水脈氏の『新潮45』への寄稿問題を生む土壌をつくったのだと思う。

『週刊新潮』の発売からほどない四月二三日、永田町の衆議院第一議員会館に、研究者や記者、弁護士、労働関係者らが集まった「セクハラ被害者バッシングを許さない四・二三緊急院内集会」が開かれた。集会には約二〇〇人が集まり、セクハラへの抗議を示すために一八年の米ゴールデングローブ賞の授賞式で俳優らが黒い衣装をまとったのにならい、多くの参加者も黒い服で臨んでいた。WiMNは、この集会に参加した女性記者たちが中心となって、五月一日に設立総会が開かれ、五月一四日の公表の運びとなったという。

ジャーナリストの神保太郎氏は『世界』二〇一八年八月号（岩波書店）の「メディア批評」でWiMNの発足を次のように分析していた。

〈朝日は、この問題（筆者注・セクハラ問題）を丁寧に取り上げてきたと思う。特に一月のフォーラム面「『#Me Too』どう考える？」（五回連載）は、今年四月以降につながる議論の下地的な役割を果たしたのではないだろうか。一月二八日朝刊の第四回のテーマは「メディア」。一月にウェブ上で行なったアンケートには一九一人から回答が寄せられた。ここでも加害者は、「社内の先輩、同僚」と「取材先」を合わせると七割近くを占めるという。かなり早い段階から、問題点を指摘していたと言える。

新聞労連が三月一日号の機関紙に掲載した女性記者五人による座談会や、四月下旬に開いた全国女性集会の取り組みも同様だ。この全国集会では、読売新聞社のセクハラ対策の担当者が基調講演をし、匿名アンケートなど同社の取り組みを報告している。読売新聞社は新聞界の中でも進んでいるのだろう。（略）さらにこれらの源流をたどれば、一年前の『週刊新潮』の一七年五月一八日号に掲載された、ジャーナリストの伊藤詩織さんの告発にいき着く。そして、伊藤さんが日本外国特派員協会で実名記者会見に臨んだ同年一〇月は、図らずも「#Ｍｅ　Ｔｏｏ」が米国で大きなうねりとなり始めた時期と重なる。一つひとつの動きは、ばらばらであるかのように映るが、いずれもが大きな時代のひとつの潮流の中にあるのは間違いない〉

Ｗ・ｉ・ＭＮの発足は福田前次官によるセクハラ問題に端を発したが、世界的な「#Ｍｅ　Ｔｏｏ」運動の流れの中にあったのだ。

■「警察幹部に無理やりキス」

Ｗ・ｉ・ＭＮの記者会見の前に一九人のＷ・ｉ・ＭＮ会員からセクハラ被害の声が寄せられた。

〈警察幹部に無理やりキスされて『君が悪い』と言われた。県庁幹部を取材中、ホテルに連れ込まれた〉

〈警察署長との懇親会をたった一度別の仕事で断ったら、二度と会見に呼ばないと脅された。地方議員に口説かれ、断ったら翌日から取材拒否にあった〉

〈初めて夜回りに行った先の警察幹部に『それなら車の中で話を聞こう』と言われ、私の車の助手席に幹部を座らせると、とたんに抱きつかれ、キスをしようとしてきた〉

ＷｉＭＮが記者発表した声の一部だが、市民の人権を守るべき立場にある人たちが、女性記者たちの人権を踏みにじるという取材現場の実態が浮かび上がる。セクハラ被害は、財務省といった、中央官庁だけの問題ではない。地方の公的機関にも深刻な被害が広がっている。ＷｉＭＮでは今後調査なども視野に入れ、活動していくという。

セクハラの被害は、朝駆けや夜回りと呼ばれる取材先の幹部の自宅を訪ねたり、酒席といった公的な空間ではないプライベートな場所で、ライバル記者のいない一対一で本音を引き出すという男性記者ばかりのマスコミ界がこれまで築き上げてきた伝統的な取材場所が温床となっていると言えなくもない。取材先での被害に加え、会社内での上司や同僚、さらに同業他社の記者らからの被害が加わるという。

「そういう（セクハラの）経験も仕事の一環だ」。上司や同僚、そして同じ女性記者からも聞かされた言葉だという。

「『こんな被害に耐えてきたのか』と改めて驚かされました。社外、社内での被害に関係なく、会社からは仕事を回してもらえなくなるのを恐れて声を上げられなかったのです。特に新人記者が最初に配属される全国紙などの地方支局では支局員の人数も少ないうえに閉鎖的な側面もあって、被害を訴えるのが難しいのです」

■新聞協会が決議

日本新聞協会や日本民間放送連盟はこうした女性記者たちからの要望を受ける形で方針を示している。例えば、新聞協会理事会は二〇一八年六月二〇日、「前財務事務次官による記者へのセクシュアル・ハラスメントは、極めて遺憾である。取材源などからのハラスメントがあれば毅然と対応するとともに、（福田前財務次官によるセクハラと）同種の問題が今後起きないよう注視する。加害者にもならないよう自らを律していく」との決議を行った。

ＷｉＭＮの記者会見までに新聞、放送、出版など三一社、フリーランスを含めて八六人が参加したが、会員名や所属する会社名は今なお公表されていない。

「社外で活動しているという理由だけで、会員に不利益が生じる恐れがあることのほかに、加害者がまだ身近にいるなどさらなる被害を避けるためです。代表二人がフリーランスから選ばれたのは、不利益や被害を受ける恐れが組織に所属する記者より小さいと考えたからです。実名を公表できないのが、いまの組織の実態なのです」

■セクハラ防止法整備を

「一〇年以上前の被害であっても今も心の傷が癒えていないことがわかりました。相談ができないまま、身の安全を確保できないなかで働かざるを得なかったのです」

松元千枝さんは、メディアで働く人を対象にしたセクハラに関するアンケート結果に改めて落胆させられた。松元さんが委員長を務める新聞通信合同ユニオンは、日本新聞労働組合連合（新聞労連）の加盟団体の一つ。アンケートは、新聞労連や民放労連、出版労連などで構成する日本マスコミ文化情報労組会議（MIC）が、二〇一八年七月一八日から八月一七日までウェブ上で実施した。四〇〇〇人以上の男女から回答が寄せられたという。▽性的関係の強要、▽「女性は職場の花」「男のくせに」などと言われた、▽ヌード写真を見せられた――。一回だけでなく、複数回も違う形で被害を受けていた被害者も多かったという。

アンケート結果によると、回答があったのは女性二三三人、男性一九四人、その他一人の計四二八人。属性は▽新聞・通信二一四人（五〇％）、▽放送八八人（二〇・六％）、▽出版八八人（二〇・六％）、▽印刷一九人（四・四％）。年代は▽四〇代一三七人（三二％）、▽三〇代一二八人（二九・九％）、▽二〇代九四人（二二％）。「セクハラにあった経験があるか」との問いに対して「ある」と回答したのは二〇二人（四七・二％）。性別では女性は一七三人（七四％）、男性は二九人（一五％）。セクハラを受けた時期も「一年以内」が一一七人（四〇・五％）、「五年以内」が一三一人（四五・三％）だった。

具体的な被害内容では、女性で最も多かったのが「必要もないのに身体的接触（キス、抱きつく、肩もみ、胸をさわる等）をされた」で九一人（五二・六％）。次いで「容姿や年齢身体的な特徴についてきかれた、からかわれた」と「『結婚しないの？』『子供生まないの？』などの自己決定権に関わる質問をされた」が八五人（四九・一％）と同数で続いた。男性は「『結婚しないの？』……」が一七人（五八・六％）ともっとも多く、「容姿や年齢、身体的な特徴……」が一五人（五一・七％）、「性的な経験や性生活について質問されたり、無理に聞かされたりした」が一一人（三七・九％）――の順番で多かった。生命など身体的な危険や犯罪の可能性のある「出先、居住等までつけまわされた（ストーカー行為）」は男女合わせて一三人（六％）、「ホテルに誘われた、性的関係を強要された」も男女合計三四人（一七％）あったという。

もっとも多かった加害者は「社内の先輩」の一四一人（四九・三％）。次いで「直属では無いが社内、関係会社の上司」が一一〇人（三八・五％）、「直属の上司」は一〇〇人（三五％）だった。テレビ朝日の記者が被害を訴えたケースでは、取材先だったが、最も多かったのは社内だった。ただ、取材先でのセクハラ被害の回答数も少なくなかった。「警察・検察」が三九人（一三・六％）、「政治家」が三〇人（一〇・五％）、「地方・国家公務員」が二八人（九・八％）、「スポンサー」が二五人（八・七％）、「企業・団体」が二四人（八・四％）――という結果になったという。

ＭＩＣは二〇一八年七月一日に日本労働弁護団・女性労働プロジェクトチームの協力で「緊急セクハラ一一〇番」も行った。女性弁護士や臨床心理士らに交じって松元さんも電話相談に応じた。「一一〇番」には、職場の男性から性的関係を強制され、相談した会社にも対応してもらえなかった末に会社を辞めざるを得なかったというケースや、酒席で男性から胸を触られて謝罪を求めると「冗談が通じない人間」として不利益を受けた——などの訴えがあったという。

報道関係者が働く現場でのセクハラ問題がクローズアップされるきっかけとなった、財務省の福田淳一前事務次官によるテレビ朝日の女性記者に対するセクハラ被害。麻生太郎財務大臣は対策として「番記者を男にすればいい」と発言した。財務省で実際に実施されたわけではないが、見識が問われた。

政府の「すべての女性が輝く社会づくり本部」が六月に決定した「緊急対策」では、「各府省において、取材現場で女性記者の活躍が阻害されない環境を整備する」との文言が盛り込まれた。

「『番記者を男にすればいい』ということは、被害者が仕事を外されるという典型例だ。これまでセクハラが問題になっていなかったことが問題だったのです」

■「偽装請負」と朝日を提訴

松元さんがメディアで働く人たちの労働問題に関心を持つきっかけとなったのは、朝日新聞社が発行していた英字新聞『ヘラルド朝日』（二〇一一年廃刊）で記者として仕事をしていたときだ。松元さんは、高校を卒業すると米国の大学に進学した。卒業後は、活字メディアにおけるジャーナリズム論を学んだことや、得意の語学力を生かせる仕事を日本で探した。日本の大学の学生とは異なる時期の就職活動であったため、募集の有無にかかわらず希望する会社の人事課に直接電話して自分を売り込むスタイルだった。

そうした中で『ヘラルド朝日』（採用時は『朝日イブニングニュース』）の編集部で一九九六年一〇月から働くことになった。一日当たりの賃金を月単位で支払われる条件。国民健康保険や国民年金といった社会保険は自分で支払った。上司の指示に従って取材して記事にしたり、日本語の記事を英訳した。職場には日本人だけでなく外国人もいた。あるとき、他の新聞社の英字部門から移ってきた同僚から、相談があった。

「同じ仕事をしながら労働条件が違う。労働組合をつくりたい」

それまで編集部ではみんなが同じような仕事をしていたために、それぞれの労働条件が異なることに関心があまり向かなかった。新労組設立の背景には、朝日新聞労組が組合員でない非正規の待遇改善には消極的だったという事情もあった。七〇人ほどいた職場には、朝日新聞社の正社員、子会社の正社員、契約社員、派遣社員、時間給のアルバイト――。契約関係は様々であることが分かった。二〇〇二年に日本人九人と外国人一〇人で「ヘラルド朝日労働組合」(全国一般労働組合東京南部ヘラルド朝日支部)を結成した。日本人の大半は、フルタイムで仕事をしながら、松元さんと同じように日給月給で社会保険も有給休暇もなく、さらに契約書も交わしていない会社との口約束で働いていた。

「労組の活動は当初、外国人が中心でした。会社との団交で通訳しているうちに会社の主張がおかしいことに気づきました」

有期契約の無期契約への転換を求める労組と会社側との交渉が長引くなかで、一年契約が更新されなかったり、見切りをつけて会社を辞めていく組合員が相次いだ。会社側からの組合員いじめに嫌気がさして去った人も少なくなかったという。二〇〇五年七月を契約終了の期限として会社から突きつけられた時には日本人四人、外国人二人の計六人にまで組合員は減っていた。日本人の四人は、朝日側が提示した新たな契約条件が実質的には待遇の改悪だとして拒否し、そのまま〝クビ〟になったという。四人のうち松元さんら三人は朝日を相手に労働契約上の労働者としての地位確認を求めて東京地裁にただちに提訴した。

最大の争点は、三人は朝日が雇用した「労働者」なのか「業務委託契約」を受けた請負労働者なのか――だった。翌年夏から朝日新聞自身がキャンペーン報道を展開する、実態としては労働者を雇用していたり、派遣を受けているにもかかわらず、形式的には「請負契約」を装って会社の雇用主としての義務や責任を免れようとする「偽装請負」の先駆けのような事例だった。しかし、朝日は『ヘラルド朝日』のケースは決して報じなかったという。

「裁判は三人とも最高裁まで争いましたが〇八年に敗訴に終わりました。最高裁からは上告棄却と書いた紙が一枚送られてきただけでした。裁判所からは和解も勧められましたが拒否しました。労働者の権利の問題であってお金が目的ではなかったからです。裁判を始めてから権利意識に目覚めましたね」

■メディアが変わることで社会が変わる

〈倫理基準や行動規範を共有し連携する一方で、競合もする報道機関が、強くて安全であり、独立しつつ団結することによって、上記に説明したような圧力に対して、ともに立ち上がることができるのだ。一方で、こうした特徴がないジャーナリスト集団は、抵抗するジャーナリストが個別にしたとしても、ほんのささいな圧力に対しても、実際より大きな影響を受け危機的状況に陥ってしまう。日本の報道機関は、自信につながる基本的要素と連帯がないように見える。ある意味これは、報道機関の雇用形態やジャーナリストがどう組織化（ジャーナリスト以外の労働者においても）されているかに関連しているようだ。ジャーナリストは、大手報道機関に雇用され、定年まで、あるいは長年同じ会社で勤務する傾向がある。そのため、会社へ忠誠心を向ける。記者という立場から記者職ではない職務へと異動することもある。労働組合は企業別でしかない。この形態は日本では典型的かもしれないが、報道機関を転々とし会社忠誠心ではなく、ジャーナリスト同士の強い連帯がある諸外国のジャーナリスト集団には類をみない。このように、日本における報道関係者の雇用構造こそが、政府からの圧力に耐える力に影響し、ジャーナリスト間で企業を超えた連帯を作れるかどうかにかかわってくる〉

これは、二〇一七年六月に国連人権理事会から特別報告者に任命された、デビッド・ケイ氏（米カリフォルニア大学教授）が理事会に報告した日本の表現の自由に関する内容の一部である（松元さんの日本語訳）。ケイ氏は一六年四月に来日調査した。当時の報道界は、NHK「クローズアップ現代」の国谷裕子氏、TBS「NEWS23」の岸井成格氏、テレビ朝日「報道ステーション」の古舘伊知郎氏ら各放送局の看板報道番組で活躍した著名キャスターが相次いで降板（二〇一六年三月）した背景に〝政治圧力〟などが指摘されたり、放送法を所管する高市早苗総務大臣（当時）が国会で電波停止に言及（二〇一六年二月）したり、自民党の情報通信戦略調査会（会長・川崎二郎元厚生労働大臣）が意に反した番組についてNHKやテレビ朝日の幹部を呼びつける（二〇一五年四月）――など報道の自由に対して危機感が広がっていたさなかにあった。

ケイ氏の指摘は、終身雇用が前提となった日本の報道機関の記者の会社への忠誠心は諸外国より強く、結果として圧力に対する抵抗が弱いのではないかという疑問を盛り込んだものだ。

松元さんはケイ氏の一部の調査に通訳として同行、ケイ氏にインタビューもした。「政府から圧力を受けたときに、それを押し返せるような横のネットワークが日本にはない。アメリカではトランプ大統領からの圧力に対して、各社のジャーナリストが確固たる調査に基づく報道で反撃している」。松元さんはこういう言葉をケイ氏から引き出している。この観点からみると、ＷｉＭＮは、「＃Ｍｅ　Ｔｏｏ」運動だけでなく、記者同士の連帯というなかでの結成だったとの位置づけもできるかもしれない。ＷｉＭＮは一八年一一月八日に識者や国会議員らを招いた「セクハラ法整備を考える一一・八院内集会」を東京・永田町の衆議院第一議員会館で開催。また、ＭＩＣも同月一九日、根本匠厚生労働大臣や厚労省の諮問機関・労働政策審議会に対して、ハラスメントを禁止する包括的な法整備を求める要請を行った。麻生太郎氏が「セクハラ罪はない」というのであれば法律を作ろうというわけだ。一二月八日に開かれたフォーラム「いま、語ろう〜セクハラと報道」では、現役の女性記者が職場であった自らのセクハラ被害を語ったり、取材先から受けたセクハラが原因で、同僚記者が退社を選ばざるを得なかったケースなどの実態が報告された。一八年の新語・流行語大賞のトップ一〇に「＃Ｍｅ　Ｔｏｏ」が選ばれた。ＷｉＭＮのもう一人の代表世話人の林さんは「（私の言葉ではないが）平成最初の大賞が『セクシャル・ハラスメント』（一九八九年・新語部門金賞）で、平成最後が『＃Ｍｅ　Ｔｏｏ』だった。三〇年間、何も変わらなかった。男女雇用機会均等法にセクハラ禁止規定はない。法律に明記すべきだ」と訴えた。連帯から行動に移りつつある。

ところで、先にも触れたが、テレビ朝日記者に対する前財務事務次官によるセクハラ問題は、「音源」という重要な証拠の存在が大きな意味を持った。『週刊新潮』記事だけだったら、記者への聴取ができないなかで、財務省も前事務次官に対する処分には二の足を踏んでいた可能性も否定できない。今回は音源が公開され、さらに被害を訴える女性記者をテレビ朝日が事情を聴いたうえで財務省に抗議し、前次官からも有効な反論がなされなかったという幾つかの条件が重なった。

「音声の存在が決定的だったと思う。言った、言わないの水掛け論になると、被害を訴えた側の立場は弱い。メール、電話の記録、写真といった物証がないと立証するのは難しい。相談があると発言内容を含めてメモを残しておくようにとアドバイスしています」

松元さんは今後、具体的に何に取り組んでいくのだろうか。

「報道機関には多様な視点を提供していく役割があります。職場でのセクハラ被害をなくしていくことが知る権利を守ることにもつながると思います。新聞労連では加盟単組の役員のまず三割を女性にする数値目標を今年の夏に掲げました。報道機関の管理職も三割以上とすべきではないでしょうか。

一方、ＷｉＭＮではセクハラ防止の法整備を求めるなど六つのワーキングチームをつくりました。その一つにメディアウオッチがあり、メディアでの性差別的な表現を監視していきたいと思っています。メディアが変わることで社会が変わっていくのです」

第6章

現場が語るジャーナリズム

報道実務家フォーラム

第２回の報道実務家フォーラム拡大版には全国から約 250 人が集まった。2018 年 4 月 28 日、早稲田大学で（報道実務家フォーラム事務局提供）

■調査報道と記者の連携

国境を越えた記者たちの連携が新たなジャーナリズムを生み出している。二〇一六年から一七年にかけ各国で同時に発信された、「パナマ文書」「パラダイス文書」の一連の報道は、タックスヘイブン（租税回避地）の秘密を暴露し、世界中に衝撃を与えた。これらの報道を担ったのは、米国の調査報道組織「国際調査報道ジャーナリスト連合」（ＩＣＩＪ）に参加する各国の記者たちだった。大量の情報の送受信を可能にしたインターネットは、世界中にちらばる記者たちの情報交換と、共有された情報を元にした各国の記者による共同の取材活動を可能にした。

こうした記者たちの連携による調査報道が実現した背景には、取材手法の共有が進みはじめているという点も見逃せない。

例えば、米調査報道記者・編集者協会（ＩＲＥ）が毎年開催する大会には米国だけでなく各国の記者が大勢参加し、ベテラン記者たちが調査報道に役立つ取材ノウハウを、本来は競争相手であるはずのライバル記者に惜しげもなく披露し、ジャーナリズムについて活発な議論が交わされている。

日本の記者たちもこうした世界的な流れとは無縁ではない。「パナマ・パラダイス文書」報道には、朝日新聞、共同通信、そしてＮＨＫの記者が加わった。ＩＲＥ大会に参加する日本の記者も増えている。

ＩＲＥの大会をモデルにしたＮＨＫの「報道実務家フォーラム拡大版」が早稲田大学（東京都新宿区）を会場に二〇一七年五月二〇～二一日に初めて開催された。主催したのは、報道各社の記者たちでつくる「取材報道ディスカッショングループ」と、早稲田大学大学院政治学研究科ジャーナリズムコースの二団体だ。社会に大きなインパクトを与えた報道を手がけた一線の新聞・通信、放送の記者やディレクターらから学ぶフォーラムは二日間で、八講座を設け、一一人が講師となった。現役の新聞・通信、放送記者、フリーランスに加え、ジャーナリズムに関心を寄せる研究者や学生、一般市民ら一〇〇人が参加するなど大きな反響があった。

二回目となる一八年四月二七～二九日の拡大版では一五の講座を設け、二二人が講師となるなど規模を広げた開催となり、約二五〇人が参加した。三回目は、一九年四月を予定している。

日本でも既存の報道機関の枠を超えて取材スキルを学ぶ機会が必要とされていることが浮かび上がった。

報道実務家フォーラムは、二〇一〇年に始まった。一六年までは、平日に講師一人を招いた形式で開催してきた（第一回の報道実務家フォーラムでは共同通信の太田昌克編集委員＝当時＝が「『核密約』スクープはこうして生まれた」をテーマに報告した）。それが数日にわたっての開催に報道実務家フォーラムが成長してきた背景には、インターネットの普及によって若者の活字やテレビ離れが進み、既存マスメディアの経営が揺らぐ中で、現場の記者たちの間でマスメディアの重要な役割として調査報道が強く認識されてきたことや、調査報道の取材スキルの習得は、企業別であった従来の記者教育の枠組みでは人材的にも十分に応じきれていないこともあるとみられる。

本章では、二二回開かれた報道実務家フォーラム（拡大版を含む・二〇一八年一一月現在）で報告された一部の内容を紹介する。

■大阪府警の過少計上を追及――読売新聞

大阪府警の記者クラブに所属しながら、府警の不正を追及する報道を行った経験を報告したのは、読売新聞の中沢直紀記者（大阪社会部）。テーマは「警察組織とどう向き合うか～不祥事スクープ、取材環境、そしてこれからの警察取材」。

中沢記者は二〇一二年から一五年にかけて府警サブキャップ、キャップを務めた。この時に手がけたのが、大阪府警の全六五署で行われていた、実際の刑法犯認知件数よりも少なくした犯罪統計の不正処理だった。

二〇一四年七月、大阪府警は認知件数の約一割にも及ぶ約八万件を犯罪統計に計上していなかったことを発表した。この背景には大阪府警を全署調査に追い込んだ読売の報道があった。

読売は一三年一一月一八日朝刊で「黒山署　自転車盗過少報告　大阪府警　調査で見逃す」との見出しの記事を掲載した。他の報道機関も一斉に追いかけることになった特ダネの端緒をつかんだのは、府警記者クラブに所属する田中健太郎記者。知り合いの捜査関係者から「自転車盗が最近、増えているのを知っているか」と耳打ちされたのだった。

大阪府警は一三年六月に堺署刑事課の巡査長が〇八年から五年間にわたり、統計上少なく装うため、自転車盗や車上荒らしなどを計上していなかったと発表していた。その後に自転車が見つかったり、近くで連続して起きた場合は一件と数えたりするなどして除外していたのだった。

ところが堺署での不正発覚後、不思議な現象が起きた。防犯カメラの普及もあり、全国的には自転車盗が減少している中で大阪府内では逆に増えているのだった。この捜査関係者は、統計が不正処理されている可能性もあるという見立てを田中記者に示したわけだ。

読売ではこの情報を得た後、各署ごとの自転車盗の統計状況を取材した。すると、黒山署では前年九月までの同時期と比較すると、実に四倍も増えていることがわかった。黒山署は堺署での不正を受けて府警が行った七つの署を対象にした調査で「問題ない」とされた署の一つ。読売は黒山署を取材した。ほどなくして、府警が調査に乗り出し、不正が発覚したのだという。

黒山署での急増は、堺署での不正発覚に慌てた担当者が統計への計上を適正な処理に戻したことが原因だった。読売は一・五倍を超える不自然な急増が黒山署以外にもあることを突き止めた。続報もあり、府警は調査を全署に広げざるを得なくなったという。

中沢記者は「捜査関係者から得た情報をそのままぶつけたところで府警は認めないだろうと考えた。かといって、自分たちで全部を明らかにすることは容易ではない。そこで、『統計がおかしいのではないか』という記事を書くことで府警に調査をさせることはできるのではないかと考えた」と明かした。全署調査という読売の狙い通りになった。

統計の過少計上という不正が起きた遠因には、橋下徹大阪府知事（当時）下で取り組まれた、街頭犯罪件数の全国ワースト1の「返上」があったという（府警は一〇年のワースト1返上宣言を撤回）。各署の統計担当者にのしかかる重圧が「この程度なら」と、過少計上という手口を府下の各署の担当者に口コミで広げたらしい。

読売は、なぜこうした報道が可能だったのか。中沢記者はポイントとして▽組織内のあらゆる部署、階級に情報網があるか、▽当局に「報道を無視できない」「不祥事を隠すのは難しい」「調査しないと逆にダメージになる」と認識させておけるか――などを挙げた。

「情報源に近いところにいるのは、記者クラブにいる記者だ。国家権力の不正を暴いたり、政治家の首を取ることが調査報道の王道だと思うが、それだけではない。調査報道という言葉を使わなくても日頃の取材の延長線上で社会に良い影響を与える意義のある報道はできると思う」

中沢記者はそうしめくくった。

（二〇一七年五月二〇日・拡大版）

■富山市議の辞職ドミノ――北日本新聞、チューリップテレビ

「富山市議会を揺るがした記者たち――政務活動費問題はこうして暴いた」。このテーマで報告したのは、北日本新聞の片桐秀夫記者（地方議会取材班キャップ）とチューリップテレビ（TBS系列）の砂沢智史記者の二人だ。

富山市議会で四〇〇〇万円を超える政務活動費の不正受給が発覚し、一四人が議員辞職に追い込まれた。白紙領収書やニセの領収書を使った政務活動費（一人あたり月額一五万円）の不正請求が横行する中で、市議会は議員報酬を月額六〇万円から一〇万円引き上げて七〇万円にすることを決めた。税金が正しく使われているのか――。市の情報公開条例を使って入手した収支報告書などを元に追及した両社の報道は、二〇一七年の日本ジャーナリスト会議（JCJ）賞を受賞するなど高い評価を得た。

両社とも富山市議会の政務活動費の使われ方に関心を向けるきっかけとなったのは、市議の議員報酬の引き上げだった。二〇一六年六月に自民、公明、民進系会派の賛成多数で条例改正案は可決した。新たな報酬額七〇万円は、全国四七の中核市では最高額となる。市民からも強い反発が出た中での増額だった。

北日本新聞では一六年六月の議員報酬の引き上げ条例案の採決を前に、三九人（定数四〇人）の全市議の報酬引き上げについての考えを紙面に掲載することになり、会派控室で手分けして各議員に取材に当たった。女性記者がある議員を取材していたところ、報酬の引き上げを主導した、自民会派の会長を務め、「市議会のドン」と呼ばれる中川勇氏から記者の取材メモが奪われるという取材妨害を受けた。記者はその際に中川氏に押されて転倒したという。同紙は暴行と窃盗の疑いで富山中央署に被害届を出した（メモはほどなく返還された）。

片桐記者は、「取材妨害が起きた後に関係者から『中川さんは（政務活動費で）何か問題があるのではないか。調べたらどうか』と議会を取材していた記者が耳打ちされた」と明かした。翌七月には矢後肇県議が書籍代の領収書を偽造して政務活動費として四六〇万円を受け取ったことを同紙がスクープし、辞職に追い込まれた。北日本の次の狙いは、中川氏に向けられた。

一方、チューリップテレビの砂沢記者は議員報酬の取材をする中で、政務活動費の存在を知ったという。三年分の収支報告書を市議会に情報公開請求した。まず開示されたのは一年分で四三〇〇枚にも上った。取材の過程で中川氏の不正の噂が耳に入ってきたという。「中川氏はマスコミにもプレッシャーをかけられる実力者。下手に報道したら名誉棄損で訴えられる可能性もあり慎重に進めた」。砂沢記者はそう振り返った。

こうした経緯で中川氏に焦点が絞られる中で先んじたのは、チューリップテレビだった。八月一九日の夕方のニュースで報じた。同局が入手した中川氏の領収書に、市内の市立公民館で開かれた市政報告会で配布するための資料の印刷代があった。ところが、報告会自体が開かれていなかったことも公民館の利用申請書を市教委に情報公開請求して突き止めていた。北日本も取材で把握していたが、翌二〇日朝刊で追いかける形になった。

砂沢記者は「印刷会社から二〇年ほど前に白紙の領収書を束でもらっていたようだ。議会事務局が収支報告書や利用申請書を情報公開請求していることを中川氏に予め伝え、印刷会社とも口裏を合わせていた」と明かした。中川氏は報道後に入院し、その後まもなく議員を辞職した。市議会ではマスコミの報道で不正を認め、その後に議員辞職する事態が続き、「辞職ドミノ」と名付けられた。一二月、市議会は報酬引き上げを撤回する条例案を可決した。

「不正の背景には議員側に領収書を見られることはないという油断があった。『マスコミが情報公開請求するわけない』とタカをくっていたのではないかと反省している。(全国各地で)政務活動費の情報公開請求をしてほしい」

片桐記者は、講演の最後に記者たちにそう呼びかけた。

この問題を取り上げた「富山市議はなぜ一四人も辞めたのか」(岩波書店)の中で、チューリップテレビ報道制作局長の服部寿人氏はこう「あとがき」に寄せた。「普段は、各社しのぎを削って抜いたり抜かれたりする中で、(略)事この問題については妙な、連帯感のようなものがあり、抜かれたネタも後追いして伝える社が数多くあった。一連の不正を浮き彫りにしたのは、富山に拠点を置く地域メディア全体の力によるものだったと思う」

（二〇一七年五月二〇日・拡大版）

■東芝粉飾決算、内部告発で暴く――日経ビジネス

「八〇〇人の証言で掘り起こした、東芝粉飾決算」をテーマに講演した日経ビジネス（日経BP社）の小笠原啓副編集長は、東芝内部の関係者からの告発が不正会計を暴く報道に結びついた経験について語った。

小笠原氏が同誌編集部に異動となり、東芝担当になったのは二〇一五年四月一日だった。その二日後に東芝は不正な会計処理をめぐる特別調査委員会の設置を公表。その後、五月からは第三者委員会による調査も行われることになり、東芝問題をめぐる激しい報道合戦が始まった。

小笠原氏は疑問を持った。

「『不適切会計』という言葉が（報道に）横行している。これには違和感があった。粉飾決算、不正会計と書くべきなのではないか。東芝と第三者委員会からの報道機関へのリークが連発し、『大した問題ではない』という（東芝に有利な）世論がつくられていった。新聞・テレビの報道のスタンスは、東芝に甘かったように思う」

こうした問題意識を背景に、日経ビジネスの報道のスタンスは決まった。同誌は八人の記者による特命チームを発足させた。株式市場に詳しい、財務情報に強い、企業ガバナンスに明るい、そして、とにかく人たらしがうまい――。取材スキルの異なる選りすぐりの記者が集められたという。

企業取材では広報との関係が極めて重要になってくる。しかし、幹部への夜回り取材といった新聞・テ

レビと同じ土俵で闘うことは出版社としては得策ではない。

そこで着目したのが東芝の関係者からの内部告発だった。小笠原氏は「『日経ビジネスが書いてくれる』と内部告発を募集するために我々がしたのは、一回二〇〇〇字の記事をウェブサイトで分担して書き続けることだった」と明かした。

東芝に甘い他社の報道とは一線を画する厳しいスタンスの報道を続けることで、東芝の内部にいる人の良心に呼びかけようという狙いだ。

「東芝では経営陣が『チャレンジ』と称し、通常の方法では達成不可能な業務目標を強制することが半ば常態化していました（略）アンケートは所属組織名も含め、実名でお答え下さい。取材源の秘匿は報道の鉄則です。所属組織のパソコンおよび組織から支給された携帯電話等で回答しないで下さい」――。記事の最後にこうした呼びかけ文を付けたという。

編集部では次のような方針を立てた。
▽情報源は特定の担当者（一人）が一元的に管理する。
▽取材は複数人で行う。できれば個室が望ましい。
▽情報提供料は支払わない。金銭目当ての情報提供者は他の媒体にも情報が行く可能性がある。
▽告発者の身元を確認する。嫌がるようであればそこで終わっても構わない。ただ、取材者側が「知識」「人脈」があることを示すと安心する。
▽初回はあまり詳しくは聞かない。勝負は二回目。
成果はまず日経ビジネスの「特集　東芝　腐食の原点」（二〇一五年八月三一日）として、読者に届けた。

初めて開かれた報道実務家フォーラム拡大版には約100人が参加した＝2017年5月21日、早稲田大学で

そして、一一月一二日午後三時。米原子炉メーカー、ウエスチングハウスが一〇〇〇億円を超える減損処理をし、それを東芝が隠し続けてきたことを「日経ビジネスオンライン」で、雑誌での報道より早く報じた。報道各社も追いかけたスクープだった。このような内部告発を元にした特ダネを連発していった。

小笠原氏が二〇一六年出版した一連の東芝問題を取り上げた著書のタイトルは『東芝粉飾の原点　内部告発が暴いた闇』（日経BP社）。

「絶対条件は取材源の秘匿。記事を書くことで不利益を被る可能性を考えたら思い切った記事は書けない。『中堅』と書いて良いか。経理部と書いて問題ないか。情報提供者とプロフィルはしっかりとすりあわせした」

小笠原氏は言う。「問題は出所不明の重要情報だった。どうやって裏を取ったかは取材班が墓場まで持って行く」

（二〇一七年五月二一日・拡大版）

■「総理のご意向」の舞台裏——朝日新聞

「新学部『総理の意向』　加計学園計画　文科省に記録文書　内閣府、早期対応求める」——。朝日新聞の二〇一七年五月一七日朝刊（最終版）の一面トップに掲載された記事の見出しだ。朝日が入手した文書の写真もあった。

学校法人「加計学園」（岡山市）が運営する岡山理科大学の獣医学部（愛媛県今治市、二〇一八年四月開校）の新設をめぐっては、加計幸太郎理事長は、安倍晋三首相から「腹心の友」と呼ばれるほど親しい関係にあったことから、国家戦略特区制度を舞台に、政策決定のプロセスが歪められたとの疑惑が出ていた。記事は「疑惑」から「事実」として物証を突きつける朝日新聞の渾身のスクープだった。その日の朝から永田町、霞ヶ関を大きく揺さぶったのは言うまでもない。

「もう後に戻れない、とその夜は眠れませんでした」。氏岡真弓編集委員は前夜の緊張をそう表現した。「総理のご意向」報道にかかわったのは、教育担当二〇年のベテラン、氏岡氏と文部科学省担当の水沢健一記者（当時、現朝日新聞労組委員長）、そして担当デスクの西山公隆次長（同、現文化くらし報道部生活担当部長）の東京社会部所属の三人。「『総理のご意向』文書報道はこうして実現した」の講座では、氏岡と西山の両氏が報告した。

「天下りよりももっと深刻な問題がある。獣医学部の新設問題で、首相官邸、政治家、大学側の関係がおかしい」——。

加計学園の獣医学部新設に絡む「総理のご意向文書」報道について報告する氏岡真弓氏（左）と西山公隆氏＝2018年4月28日、早稲田大学で（報道実務家フォーラム事務局提供）

氏岡氏と水沢氏の二人は日常的に文科省の取材をしており、最初の情報は、文科省担当が同省の天下り斡旋問題に追われていたさなかの二〇一七年初めごろ、二人の取材先から別々にもたらされたという。「異なる人脈から聞こえてくるとはどういうことか」。氏岡氏は深刻な事態が起きていると受け止めた。「どうやって裏付けたらいいのか。故・山本博氏（元朝日学生新聞社社長）の『人は裏切るけど紙は裏切らない』という言葉が思い浮かびました」。政界に広がったリクルート事件は、一九八八年に発覚した川崎市助役への未公開株譲渡問題が発端。山本氏は、横浜支局デスクとして支局員らを指揮した。

カラオケボックス、貸会議室。取材相手が特定されないような場所で地道に取材を重ねる中、文書を入手した。「『総理の意向』という活字が紙から浮かび上がって見えたのを覚えています。

本物に間違いないと思いました」。しかし、同時に民主党代表が辞任に追い込まれた偽メール事件（二〇〇六年）がよぎったという。取材班は「この人に聞いておけば良かったと後から思う人はいないくらい取材を尽くしました」（氏岡氏）という。記事は「文科省にこういう文書が存在していた」という点にウエートを置いた。政府はこれなら否定できないと考えたからだという。

ところが三人を待っていた安倍政権の反応は、「怪文書」という言葉だった。菅義偉官房長官が一七日の記者会見で言い放った。西山氏は、「怪文書と言われるとは思わなかった。一面トップで報じたのです。普通は『調査します』ではないでしょうか。非常にショックでした。調査報道のハードルは、かつてないほど上がってきています」と話した。

「総理のご意向」報道は、教育担当の記者のアンテナに引っかかったのが端緒だったが、朝日社内では同時期に特別報道部の岡崎明子と星野典久の両記者も国家戦略特区制度が抱える問題という観点から加計学園問題を追いかけていた。両者の情報を共有し、重ね合わせることで問題の全体構造が浮かび上がったという。

西山氏は担当デスクとして調査報道に重要ないくつかの点に気づいたという。一つは、記者は情報を独り占めしないことだという。二人の記者から話を聞いたことが取材を指示するきっかけとなった。「デスクは記者に積極的に声をかけてどんな情報を持っているのかを常に把握しておく必要があります。実は、調査報道のタネは、社内に転がっているのです」

西山氏は政治部次長から社会部に異動になった。他部との良好な関係を保つ必要性も強調する。

「首相官邸からの批判の矢面に立ったのは政治部の記者たちでしたが、私たち社会部の報道を終始、見守ってくれました。社内の同僚からも関連のさまざまな情報が私たちのところへ寄せられました。社内で孤立すると調査報道はうまくいかないと思います」

（二〇一八年四月二八日・拡大版）

■犯罪被害者取材を深めるには――ＮＨＫ、朝日新聞

「一九人という数字だけでひとくくりされ、（視聴者が）具体的な犯罪被害者像をイメージすることが難しい状況を生んでしまいました。命の重さを伝えることができなかったと感じています。多くの人に無関係な事件という形で捉えられてしまいました」。ＮＨＫ横浜放送局ニュースデスクの松井裕子氏は、あの凄惨な事件をそう振り返った。

「被害者取材を深めるために～知っておきたいこと」の講座では、二〇一六年七月二六日未明に神奈川県相模原市の山あいにある障害者支援施設「神奈川県立津久井やまゆり園」で起きた殺傷事件が取り上げられた。重度の障害者一九人が犠牲となり、職員を含む二六人が重軽傷を負った犯罪史に残る大事件だ。神奈川県警は被害者遺族の意向を理由に今もなお、実名を報道機関に明らかにしていない。「Ｂ子さん四〇歳」「Ｓ男さん四三歳」といった性別と年齢だけだ。二〇一八年七月にあった県などが主催した追悼式では遺影も飾られず、名前も読み上げられなかった。

一方、事件を起こした元同施設職員の被告＝殺人罪などで起訴＝が語る「障害者なんて要らない」という動機に対し、「殺したのは良くないが、主張は間違っていない」などと賛同する意見もネットには出た。

「家族の悲しみを通して被告の独善的な動機を徹底的に否定する機会を失ったのではないか。報道が（動機を）黙認したと受け止められてはいないだろうかと悔やんでいます」

ＮＨＫは事件から半年後、ホームページに「一九のいのち―障害者殺傷事件―」というタイトルの特集を開設した。一九人の遺族や知る人たちが語った生きた証しを記録している。ただ、年齢と性別だけで名前はない。顔写真の代わりに似顔絵や、洗濯物を畳むのが得意だったり、ラジオを聞くのが好きだったりといったエピソードから本人をイメージするイラストを使うなど工夫した。遺族の了解が得られれば、映像も載せるようにしている。見た人たちからは、イラストよりも映像、そして遺族の肉声がある方がよく伝わるという意見も寄せられたという。

「（実名報道の）原則に反しているので忸怩たる思いはありました。しかし、取材するほど、『存在する意味がない』と被告が言ったのとは全く違う被害者像が見えてきました。匿名を条件にしても話を聞けない遺族もいましたが、何も伝えないでいれば、障害を理由にした匿名報道はかえって差別を助長するのではないか。命の重みが伝わらないということが急速な風化と教訓化を妨げると考えました。いつかはご遺族の理解を得て全員の名前を伝えたいです」

朝日新聞社会部記者の河原理子氏は約二〇年前から、犯罪の被害者取材を続けている。遺族に接してきた経験を明かした。

大学生から「遺族が悲しいのは当たり前だ。なんで取材をする必要があるのか」と問われることがあるという。そういうとき河原氏は、「本当のことは聴いてみないとわからない」と答える。それは思い込みで、事件直後から悲しみを感じられるとは限らないからだという。

神奈川県相模原市で起きた障害者殺傷事件で犠牲になった人たちの生きた証しを紹介するNHKが開設した特集サイト「19のいのち―障害者殺傷事件―」

二〇〇一年六月に起きた児童八人が死亡した大阪教育大学付属池田小事件。このころから遺族への取材依頼には手紙を出す記者が多くなってきた、という。当時、法務省は集団的過熱取材（メディア・スクラム）によって犯罪被害者の平穏な生活が乱されることを救済するため報道を規制する法案を準備していた。

「被害者と記者との間を仲介する人によると、手紙を書くなら渡すと助言するとそれだけで脱落する記者が多く出るそうです。残りの何割かの記者が書く手紙も『これを遺族に見せるのか』という内容も少なくなかったといいます」

国民には知る権利がある――。

そんな表現もあったらしい。河原氏は「読者や視聴者に何を知ってほしいと記者は思っているのかを伝えることは重要です」と話す。この点については、松井氏も同様の意見で「記者でなく、人として遺族に認められて初めて取材が始まります」と話した。

「犯罪で傷ついた人たちはものすごくアンテナが繊細です。一回でこの記者はどんな人物かを見抜くのです」

河原氏の経験では、大切な人を突然亡くした遺族が落ち着いて話せるには、事件から二～三年が一つの目安だという。「一〇年たって初めて取材に応じてくれた人もいました」

話を聞けるとなったら遺族・家族が安心して話せる環境を用意することが重要だという。遺族の状況はそれぞれだ。悲しくなるので家族の中でも話題にしないという人もいる。「自宅で話せないという遺族に、『それでは近くの喫茶店で』と言った記者もいたようです」

インタビューする際の言葉使いも配慮が欠かせない。例えば「取る」という言葉。記者の間では、取材先から話を聞くことを「話を取る、コメントを取る」と普段使っている。「正面の顔写真を表す『雁首写真』という業界用語を用いて、『雁首を取る』などと遺族の前で使う記者もいるようです」。河原氏は「話を取るのではなく、話を聴くのであり、聴き方も丁寧に繊細に考えないといけないのです」と指摘した。

「初めて記者に話す遺族だと一通り話し終えるのに二～三時間かかることもあります。事件当時のことを聞かれて具合が悪くなったら無理をしなくていいことも最初に伝えます。いったん聞いて話を受け止めたところで初めて質問に入ります」。河原氏はそう心がけているという。

一方、取材する記者も被害者から話を聞くことで傷つくこともあるという。「惨事ストレス」と呼ばれる症状が出ることもある。

河原氏は「初めて被害者取材に行くような若手記者には『どうだった？』と声をかけて思っているこ

とを何でも聞くことも必要です。また、被害者が事件に対する怒りを記者に強く出すことがあります。怒りにさらされて帰ってくる記者には『あなたが悪いわけではない。被害者としては正常な反応』と説明し、少しリラックスするように言います」と話した。

（二〇一八年四月二九日・拡大版）

■パナマ文書を追いかける――ICIJ

二〇一六年春、世界中の納税者の怒りを一瞬にしてわき上がらせたニュースが地球上を駆け巡った。いわゆる「パナマ文書」報道だ。タックスヘイブン（租税回避地）での法人設立を支援するパナマの法律事務所「モサック・フォンセカ」が保有する内部情報が、「ジョン・ドゥ」（日本語では名無しの権兵衛の意味）を名乗る匿名の内部告発者からドイツの有力紙・南ドイツ新聞の記者にもたらされた。プーチン露大統領、習近平中国国家主席、キャメロン英首相ら各国の指導者の周辺で起きている不正蓄財の疑惑に迫るもので、アイスランドのグンロイグソン首相は、報道（日本時間四月四日）されると大きな国民の反発を招き、あっというまに辞任に追まれた。

一連の「パナマ文書」報道を担ったのは、国際調査報道ジャーナリスト連合（ＩＣＩＪ）だ。七六カ国の記者、ジャーナリスト約三七〇人による、インターネットと、コンピューターソフトを駆使した国境を越えた情報共有と分析は、ＩＴ時代の新たな調査報道の可能性を感じさせた。「パナマ文書」を報じたメディアは一〇〇を越え、日本からは、ＩＣＩＪと提携する朝日新聞と、共同通信の二社が加わった（ＮＨ

Kも六月下旬から参加した）。どのような経緯で参加、取材し、報じたのだろうか。「パナマ文書」報道にかかわった、共同通信の澤康臣記者（特別報道室次長）と、朝日新聞の奥山俊宏編集委員らが一六年六月二日に早稲田大学（東京都新宿区）で開かれた報道実務家フォーラム「パナマ文書はこうして取材、報道した」で内幕を明かした。二人は主催団体の一つである「取材報道ディスカッショングループ」のメンバーでもある。二人のほかにＩＣＩＪから「パナマ文書プロジェクト」の日本担当の依頼を受けた米国在住のイタリア人のフリー記者、シッラ・アレッチ氏が報告した。日本関係はこの三人に加え、イタリア人記者のアレッシア・チェラントラ氏（伊在住）の計四人が担ったという。

どのようなきっかけで澤・奥山の両氏はパナマ文書プロジェクトに加わることになったのか。

朝日新聞の場合は、そもそもＩＣＩＪとこれまでにも共同して取材してきた背景があった。奥山氏の報告によると、朝日がＩＣＩＪのような非営利の調査報道組織に関心を寄せたのは二〇〇八年にさかのぼるという。当時、米国ではインターネットの普及などで経営の行き詰まった新聞社が相次いで休刊する中で、市民からの寄付による調査報道組織の活動が注目を集めた。こうした組織との間で提携先を探っていた朝日が選んだのが、ＩＣＩＪだったという。ＩＣＩＪの母体は、ワシントンＤＣに拠点を置く、非営利報道機関「センター・フォー・パブリック・インテグリティー」（ＣＰＩ）。ＩＣＩＪは、国際報道プロジェクトという位置づけで、四人の中では奥山氏が二〇一一年にメンバーになっている。

二〇一三年から一四年、朝日は、タックスヘイブンに関する記事を、ＩＣＩＪが入手した秘密の電子ファイルを分析して報じてきた。この時も各国の報道機関が露副首相と習主席の近親者と、タックスヘイブンとのかかわりを指摘する記事などを一斉に報じている。奥山氏は「朝日としては知ることができなかった情報を得られる。ＩＣＩＪも、既存のメディアに記事が出ることで、ＩＣＩＪへ寄付している人に世の中を良くしていることを実感してもらえる」と話した。

今回のプロジェクトに対して、ＩＣＩＪの副事務局長から参加要請が朝日にあったのは一六年一月だったという。

約一五〇万件の情報を分析

共同通信の澤氏の場合、きっかけは一六年二月にアレッチ氏から届いた一通の電子メールだったという。アレッチ氏は二〇一〇年にＩＣＩＪでインターンシップの経験があるほか、早稲田大学に留学するなど日本語は堪能。「ある計画をＩＣＩＪで進めているが、興味はあるか」。メールの内容だ。澤氏は「記者たるもの『興味はあるか』ということに『ない』と言う記者はいないと思う」と語り、社内の関心も高く、ただちに共同通信はＩＣＩＪとの間で合意書を作成したという。それでは、なぜアレッチ氏は澤氏に声を掛けたのだろうか。

アレッチ氏は「共同通信（に所属している）というより澤さんだからだ。このプロジェクトには調査報道にパッションがある人が必要だ。毎日、データを分析するのはつまらない作業だが、やりがいもある。そういうのを分かっている人でないとできない」と述べた。一九七七年から二〇一五年までの約四〇年分の資料は、メール、ファクス、法人登記書類、株主・役員名簿、旅券のスキャン画像、会社約款などがあり、法人数は約二一万四〇〇〇社に及び、関連する企業や株主・役員は三六万に上る。約一一五〇万件に達する情報は、データ量にすると、二・六テラバイトという。膨大な情報に向き合うことになるのだ。

澤氏や奥山氏は早稲田大学大学院政治学研究科ジャーナリズムコースでアレッチ氏を指導したことがあるなど三人の間には、信頼関係があったことも見逃せないだろう。アレッチ氏は「この場合、信頼が必要」と指摘している。

膨大なパナマ文書にはどんな「ネタ」が含まれているのか。これを解析するために大いに役立ったのが、ＩＣＩＪが導入したデータ検索、分析ツールだ。ある人の名前や企業名を入力するといろいろな人のつながりが表示されるソフトも活用。記者らが情報交換するためのオンラインフォーラムで取材結果やデータを共有したという。

従来はインターネット経由でデータベースにアクセスする仕組みがなく、奥山氏は、検索・分析のために日本からわざわざ渡米していたという。

とは言え、そう簡単に求める情報を探し出すことができたわけではないという。しかも苦労して探し出したとしてもタックスヘイブンでは、法人所有者の秘密は厚い個人情報保護法制に守られ、真の所有者を突き止めるのは極めて困難だ。

アレッチ氏は「何の情報がデータベースにあるのか分かりません。最初は経済誌『フォーブス』の（長者番付の）リストを当たっていました。仏紙『ルモンド』によると、二九人が存在した。企業や政治家の名前で探した。日本人のほとんどはローマ字だったので、パスポートがないと同じ人かどうかわからないので、（漢字表記や生年月日の記載がある）パスポートも探した」と明かした。懸命に政治家、大企業、暴力団関係者などの名前を探したという。

パナマ文書の日本関係は、個人と法人を合わせて約四〇〇件が見つかった。しかし、露や中国に比べて

「パナマ文書」報道にかかわった、共同通信の澤康臣記者（右）、朝日新聞の奥山俊宏編集委員（左）と、ＩＣＩＪの「パナマ文書プロジェクト」で日本担当を務めたイタリア人のフリー記者、シッラ・アレッチ氏（中央）＝2016年6月2日、早稲田大学で

米国や日本の名前が少ないことに疑問の声も上がったという。

　これに対して、澤氏は「アレッチさんも『氷山の一角』と言っているが、（ＩＣＩＪに情報を持ち込んだ）南ドイツ新聞の記者の手に入ったものが、そういう内容だったとしか言えない。モサック・フォンセカに対して均等に（租税回避手続きが）配分されているわけではない。偏りがある」と述べた。

　奥山氏の論考「私が見たパナマ文書の破壊力」（『文藝春秋』二〇一六年六月号）によると、モサック・フォンセカは、米国や日本に顧客をあまり多く持っていなかったという事情があるという。パナマ文書にある約二一万四〇〇〇社のうち日本人がよく使っている英領ケイマン諸島の法人は一つもなかったという。奥山氏は「米国で捜査対象になるのを恐れ、欧州・中国に顧客を求めていた」と指摘する。

　一方、ＩＣＩＪは一六年五月にリストをインターネットで公開した。ネット上などには日本の報道機関が財閥やスポンサー、広告代理店の電通に遠慮して日本関係の報道を控えているという言説が出回っていた。

これに対して、澤氏は具体例を挙げて反論した。例えば「SUMITOMO FORESTRY LTD.」。これだけで日本企業の住友林業だと早合点すると誤りだという。株主欄を見ると、書いてあるのは日本人ではないアジア系の氏名が一人あるのみ。同社の英文での正式表記（Sumitomo Forestry Co., Ltd）とも異なる。日本企業の住友林業ではないと判断したという。住友林業もウェブサイトに「当社及び当社グループとは一切関係ありません」との見解を五月一三日に出した。

朝日新聞も五月一〇日朝刊「メディアタイムズ」欄で、取材の内容を紹介した。日本関係とみられる個人・法人を現地取材したり、手紙などを出したが、実在しない住所だったり、宛先不明で多くが戻って来たりしたという。奥山氏は「調べた結果、原稿にならないことがたくさんあった」と明かした。朝日はセコム、丸紅、ソフトバンクグループ、伊藤忠商事などがパナマ文書に記載されていたことを報じた。

国際的な反響を広げた「パナマ文書」報道だったが、澤、奥山の両氏とも報道を開始した時点では日本国内での反響の小ささを感じていたという。

タックスヘイブン問題を報じてきた過去の朝日の報道に対して、国内世論の反応は必ずしも良くなかったというのである。奥山氏は「日本の読者はタックスヘイブンに関心がないのかと思った」といい、今回の「パナマ文書」でも「日本の読者がどこまで関心を持ってくれるのか自信があるわけではなかった」と明かした。結果としては、日本でも大きな反響を呼ぶことになったパナマ文書問題だったが、その潮目はどこだったのか。奥山氏は「オバマ米大統領が『多くの取引が合法であることがまさに問題だ』と言ったり、アイスランドの首相が辞めたことのインパクトが大きな力になった」と指摘し、澤氏も同様の見解を示した。

ＩＣＩＪの今回の報道の特徴は、入手した資料にあった二一万余の法人などの情報をインターネットで公開し、市民一人一人がアクセスできるようにしたことにもある。

澤氏は「何かを情報公開する場合、英語では『パブリック・スクルーティニー（大衆的な検証）の下に置く』という表現をすることがある。マスコミが書いてそこで終わり、ではないからこそ意味がある。（ＩＣＩＪが公開したのも）最終的には市民が一次情報にできるだけ近いものを持って議論をしたり、検証したりすることができるようにするためだ」と語った。

アレッチ氏も「メディア間の協力はまれだと思う。しかし世界中の新聞やテレビが一緒に記事を出すことでインパクトがとても大きくなった」と述べ「ジャーナリズムが解決策を提供するのではなく、議論を促したと思う。公開されたリストをどう使うかということがメディアの力の見せどころだ」と指摘した。

奥山氏も「パナマ文書について、名前、住所は公開されているが、文書そのものは限られた人しかアクセスできない。僕たち三人は責任を負っていると思う」と話した。

公的情報の乏しい日本

「パナマ文書」報道ではどのように取材が行われ、今後はどのような可能性があるのだろうか。

澤氏や奥山氏の話によると、取材は基本的に、各社が関心を持った「パナマ文書」について、それぞれが独自に行った。ただし、その結果は共有し、お互いが気付かなかった点について内容を補強し合うなどしたという。記事にする前にも相談し、出稿タイミングも話し合った。さらに、取材についても朝日と共同が合同で行った方が良い結果が得られると考えられるケースでは、互いに声を掛け合って取材し、合同であったからこそ得られた情報もあったという

澤氏は「これは、読者の利益になることだと思う。合同取材では、他社の記者の質問の仕方など多くを学ぶことができた」と話した。

報道実務家フォーラムでは、外国メディアとの比較で日本では公的情報による裏付けが難しいという指摘も出た。ＩＣＩＪのオンラインフォーラムにはたくさんの記事がアップされる。澤氏は「記事を見ていて気付いた日本との大きな違いに、行政機関や裁判所といった公の機関の情報公開度がある。特に米国は日本よりもはるかに高い。『パナマ文書』の裏付け情報として、例えば、司法省の公表資料や過去の裁判所の記録が引用元になっている。ところが日本ではこうした情報は入手不可能であったり、極めて困難なのが実情だ。日本では暴力団のフロント企業であるかどうかの特定さえ、公表情報が極端に乏しく難しい」と指摘した。

日本メディアではこの種の報道で匿名を選ぶケースが多いという意見も出された。今回の「パナマ文書」報道をめぐっても、詐欺グループの関係者の氏名を日本メディアは匿名としたが、日本担当のイタリア人記者が書いた英文記事では実名で報道されるなどの違いがあったという。公権力を行使する立場の人だけでなく、公的な行為に関係のある人は実名が基本だという考えが日本メディアよりも強いのだという。

本来、競争相手である他社と、垣根を越えてタッグを組むという異例の取材体制で取り組まれた「パナマ文書」報道。澤氏は「『特ダネ』という結果を出せる可能性はそれだけ大きい。共存共栄という柔軟な発想でやれば良いのではないか。肩を組んでやるときはやる。そういう業界になってほしい」と話した。

（二〇一六年六月二日）

本章で取り上げた報道実務家フォーラム拡大版では、ほかに左記のような講座が設けられた。

〈二〇一七年五月の報道実務家フォーラム拡大版〉

▽情報公開法　調査報道にどう活かすか＝三木由希子（特定非営利活動法人・情報公開クリアリングハウス理事長）、青島顕（毎日新聞社会部編集委員）▽福島（Ｆｕｋｕｓｈｉｍａ）をどう伝えるか＝藍原寛子（ジャーナリスト、元福島民友記者）▽データは整形が七割＆突き合わせてなんぼ＝西尾能人（朝日新聞社デジタル本部ビジネス開発部ディレクター）▽こうして実現させた記者の留学、こんなに面白かった＝日下部聡（毎日新聞記者、英オックスフォード大ロイタージャーナリズム研究所客員研究員）、洪由姫（元テレビ東京記者、米スタンフォード大Ｊｏｈｎ　Ｓ・ＫｎｉｇｈｔジャーナリズムプログラムЛ研究員）▽みんなの調査報道――ＳＮＳユーザーとの協働でできた制服価格調査＝錦光山雅子（朝日新聞記者）。

〈二〇一八年四月の報道実務家フォーラム拡大版〉

▽パナマ文書・パラダイス文書報道の舞台裏〜国境も会社も越えるコラボとＩＣＩＪの挑戦〜＝シッラ・アレッチ（国際調査報道ジャーナリスト連合＝ＩＣＩＪ＝アジア担当、▽警察の隠しカメラ設置を暴いた報道と、その舞台裏＝藤川朋文（大分合同新聞社報道部次長）▽情報公開制度をどう使うか　実践テクニックと「公文書クライシス」報道＝三木由希子（情報公開クリアリングハウス理事長）、日下部聡（毎日新聞統合デジタル取材センター副部長）▽「バドミントン闇カジノ問題」「安藤ハザマによる除

染費不正取得疑惑」連続スクープ記者の語る舞台裏＝小野田雄一（産経新聞社会部記者）▽データとテクノロジーを活用しよう～デジタル時代のツール、求められるリテラシーとは＝川上貴之（時事通信社編集局ニュースセンターデジタル編成部）▽記者のSNS利用の良い点と困る点、何のため？ 何に気をつける？＝勝田敏彦（朝日新聞社ソーシャルメディアエディター）▽〝Ｍａｄｅ ｉｎ Ｊａｐａｎ〟の幻想～外国人技能実習生問題・制作の裏側～＝尾西央行（テレビ東京「ガイアの夜明け」プロデューサー）、宮寺大（日経映像ディレクター）▽不動産の不思議を報ずるには～取引のカラクリと許認可の不条理～＝本間純（日経ＢＰ社「日経不動産マーケット情報」副編集長）▽世界の調査報道とデジタルジャーナリズム・最新事情報告＝栗原岳史（ＮＨＫネットワーク報道部記者）、澤野未来（読売新聞記者、ＯＮＡ Ｊａｐａｎ事務局）山本智（ＮＨＫネットワーク報道部）▽パソコンも上手く使えない、アナログな私がサイバーを取材する～記者の専門性をどう高めるか～＝若江雅子（読売新聞東京本社編集委員）▽グーグルによる記者のためのネット活用術～一段上手の検索術から取材に生かせるマップ利用まで～＝河野あや子（グーグル日本法人執行役員広報部長）▽なぜ今、戦争を〝調査報道〟するのか～ＮＨＫスペシャル「戦慄の記憶インパール」「原爆死 ヒロシマ七二年目の真実」でのアプローチと手法を公開～＝笠井清史（ＮＨＫ社会番組部チーフディレクター）、今井徹（ＮＨＫネットワーク報道部副部長）▽情報公開だけじゃない！ オープンデータでこんなに入手 取材に役に立つテクニックを公開します＝熊田安伸（ＮＨＫ報道局ネットワーク報道部専任部長）。

＝（）内の肩書はいずれも当時、敬称略。報道実務家フォーラムのホームページアドレスは、https://www.j-forum.org/

第７章

メディアが煽るヘイト

『産経新聞』『ニュース女子』『新潮 45』

沖縄の基地反対運動を取り上げた「ニュース女子」を放送した東京メトロポリタンテレビジョン（ＴＯＫＹＯ　ＭＸ）に抗議する人たち。この日、放送倫理・番組向上機構の放送人権委員会はMXに「人権侵害があった」と勧告した＝2018年３月８日、東京・麹町のMX本社前で

二〇一八年、新聞、放送、出版のマスメディア界では読者、視聴者の信頼を大きく損ねる出来事が相次いだ。産経新聞は、沖縄の地元紙が報じなかった、と攻撃の材料としていた、自動車事故でけがを負った日本人を救出したという米兵の美談記事の裏付けがそもそも甘く、誤報だったことがわかり、二月に記事を取り消した。東京メトロポリタンテレビジョン（TOKYO MX）は、番組制作会社のDHCシアター（現DHCテレビジョン）が制作した情報バラエティー番組「ニュース女子」が放送倫理違反の指摘を放送界の第三者機関である放送倫理・番組向上機構（BPO）から受けて、最終的には三月で放送を打ち切った。九月に入ると、新潮社はLGBT（性的少数者）を「生産性がない」などとする自民党の杉田水脈衆院議員執筆の差別だと批判を招いた論考を掲載した月刊誌『新潮45』の休刊（事実上の廃刊）を発表した。いずれの記事や番組にも共通していたのは、少数者に対する憎悪と偏見である。

これらの記事、番組、そして雑誌にかかわったのは、いわゆる右派・保守系のメディアであった。どんな問題が起きたのだろうか。

■産経が大誤報

望月衣塑子・東京新聞記者や植村隆・元朝日新聞記者ら個人を狙ったネガティブキャンペーンを展開する産経新聞は、同業の新聞社に対しても容赦がない。標的となっているのは、沖縄の県紙『琉球新報』と『沖縄タイムズ』の二紙である。しかし、勢い余った批判は大きな誤報を招いた。

二〇一七年一二月九日、産経新聞のインターネット版である産経ニュースは次のような長いタイトルで、分量が三〇〇〇字にも及ぶ記事を掲載した。

【沖縄2紙が報じない】危険顧みず日本人救出し意識不明の米海兵隊員　元米軍属判決の陰で勇敢な行動スルー」――。

書いたのは、那覇支局長だった高木桂一氏だ。この年の五月一日付で長野支局長から転じた。政治部時代には共産党を取材したこともあったという。「共産党の揚げ足を取ってやろうというタイプの記者だった」。関係者からそう語られる人物だ。

新聞各紙によれば、沖縄県に駐留する米海兵隊員（曹長）が重体となった事故は、一七年一二月一日午前四時五〇分ごろ、沖縄市の沖縄自動車道で起きたという。曹長が運転する米軍車両を含む計六台が絡む多重事故で、曹長は路上にいたところを別の海兵隊員が運転する乗用車にはねられた。高木氏は、発生当日は、ネットニュースや夕刊（大阪）、翌日の朝刊（東京）向けのニュースとしては書かなかった。八日後になって記事にした内容は、

「クラッシュした車から日本人を救助した在沖縄の米海兵隊曹長が不運にも後続車にはねられ、意識不明の重体となった」

「危険を顧みずに貫いた隊員の勇敢な行動。県内外の心ある人々から称賛や早期回復を願う声がわき上がっている」

――いわゆる「美談記事」だ。

同じ記事の中で「ところが『米軍＝悪』なる思想に凝り固まる沖縄メディアは冷淡を決め込み、その真実に触れようとはしないようだ」「米軍の善行には知らぬ存ぜぬを決め込むのが、琉球新報、沖縄タイム

スの二紙を筆頭とする沖縄メディアの習性である」「『報道しない自由』を盾にこれからも無視を続けるようなら、メディア、報道機関を名乗る資格はない。日本人として恥だ」――と琉球新報と沖縄タイムスをこき下ろした。

記事は産経ニュースだけではなく三日後には、紙の新聞の記事にもなった。一二月一二日朝刊に「日本人救った米兵　沖縄2紙は黙殺」との三段見出しの記事は、写真付きで掲載された。

産経の石井聡論説委員長は二〇一八年一月一日の朝刊一面に書いた「年のはじめに　繁栄を守る道を自ら進もう」の中で、「勇敢な人物の存在を日本人の多くが知らない。それは寂しいではないか。心から謝意を表したい」と触れた。この米兵による救出のエピソードは全体の分量の四分の一ほども占めていた。さらに一月一〇日朝刊には、新聞各紙の元日付の社説を検証した特集でも取り上げられた。「このニュースは日本国内では一部でしか報じられず（略）日本人の多くが知らない」と紹介されている。産経ニュースの記事は、産経と提携する八重山日報（沖縄県石垣市）にも一二月一一日、転載された。同紙は救助された日本人の男性が米兵に「感謝している」と語ったとする関係者のコメントも加えた。

高木氏は社内受けも良かったことにさぞかし、うれしく思ったことだろう。

産経は、琉球新報や沖縄タイムスをひとくくりに「沖縄二紙」として批判を繰り返してきたが、今回の高木氏の記事も「沖縄二紙叩き」の流れの中にあったと考えられる。

これに対して、琉球新報が大きなスクープを放った。なんと救助の事実を米軍も沖縄県警も確認していないというのだ。二〇一八年一月三〇日朝刊で「『米兵が救助』米軍否定　産経報道『沖縄二紙は黙殺』県警も『確認できず』」と報じた。琉球新報の取材に対して、米海兵隊は「（曹長は）救助行為はしていない」」、県警も「救助の事実は確認されていない」と回答した、というのだ。高木氏の記事を全面的に否定する内容だった。琉球新報の沖田有吾記者は記事の中で「続報を書かなかった最大の理由は、県警や米海兵隊から救助の事実確認ができなかったからだ。一方で救助していないという断定もできなかった」と約一カ月半の間、沈黙を続けた理由を明かした。そして、「最初に米軍側が説明を誤った可能性を差し引いても、少なくとも県警に取材せずに書ける内容ではなかったと考える」と批判したのだった。

琉球新報の報道に各紙が続いた。

▽毎日新聞「『米兵美談』巡り主張対立　産経の報道を琉球新報否定」（二月三一日朝刊）

▽沖縄タイムス「産経確認せず報道か『米兵が日本人救助』『県内2紙黙殺』米軍・県警否定的見解」（二月一日朝刊）

▽朝日新聞「『米兵が日本人救出』報道　産経　報じないのは『恥』批判　沖縄二紙反論『確認不十分』」（二月二日朝刊）。

産経は各紙の取材に対して「継続して取材を進めており、必要と判断した場合は記事化します」とのコメントを出した。さすがに「編集に関することにはお答えできません」とメディアの広報担当の取材対応にありがちな門前払いをすることはできなかったようだ。そして、二月二日、曹長が救助したと報じられた日本人の男性自身が「米軍関係者に救助された記憶はない」とする談話を出す。産経の誤報（捏造？）は、確定的になった。

しかし、産経が記事の取り消しを公表するまでにはさらに六日間を要した。二月八日朝刊の一面と三面でそれぞれ「沖縄米兵の救出報道　おわびと削除」「検証『日本人救った米兵　沖縄二紙は黙殺』報道」

という見出しの記事をようやく出した。産経は、「再取材の結果、日本人男性を直接救助した事実は確認されなかった」としていたが、残念ながら、なぜ県警への取材を怠り、裏付けが不十分になったかの原因を究明するような検証記事とは言えなかった。

記事は「救助を伝える（曹長の）夫人のフェイスブックや米NBCテレビの報道を確認した上で米海兵隊に取材した。この際、沖縄県警には取材しなかった」とし、「別の運転手が助けを必要としているときに救った曹長の行動は、われわれ海兵隊の価値を体現したものだ」との回答を得た——という取材の経緯を明かしたにすぎない。それとも高木氏には真実だと信じたことに相当の理由があった、と言いたかったのだろうか。

乾正人・執行役員東京本社編集局長は「事実関係の確認作業が不十分であった。（沖縄二紙への）行き過ぎた表現があったにもかかわらず、十分なチェックを受けずに配信、掲載された」とコメントしているが、なぜ素通りしてしまったのかの原因についての言及はない。高木氏は、事故処理にあたった県警に取材することなく、米側の情報だけを元に報じていたわけだ。日本人を救助したために曹長が重体となったことは米メディアも放送しており、これが逆に確認取材を甘くしたのではないか。産経は、高木氏にきちんと聴取したのだろうか。検証というにはあまりにお粗末だ——。そういわれてもやむを得ないような内容だ。産経は高木氏を出勤停止（一カ月）と編集局付に異動、小林毅取締役編集担当を減俸一カ月、乾編集局長を減給、編集局幹部五人をけん責の処分にした（いずれも二月一六日付）。産経が認めたことで、四紙以外のマスメディアは産経の記事を引用する形でようやく一斉に報じた。

一方、琉球新報は、海兵隊内で当初あった情報の混乱を指摘している。海兵隊はツイッターで日本人を救助した直後に曹長が車にひかれたと書き込んでいた。しかし、後にこの部分を削除していることに着目し、理由をたずねたところ「事故に関わった人から誤った情報が寄せられた結果（誤りが）起こった」と釈明したという。これは高木氏や記事を掲載した産経が琉球新報に指摘を受けるまでもなく、自らその誤りをただす機会がなかったわけではないことを示している。

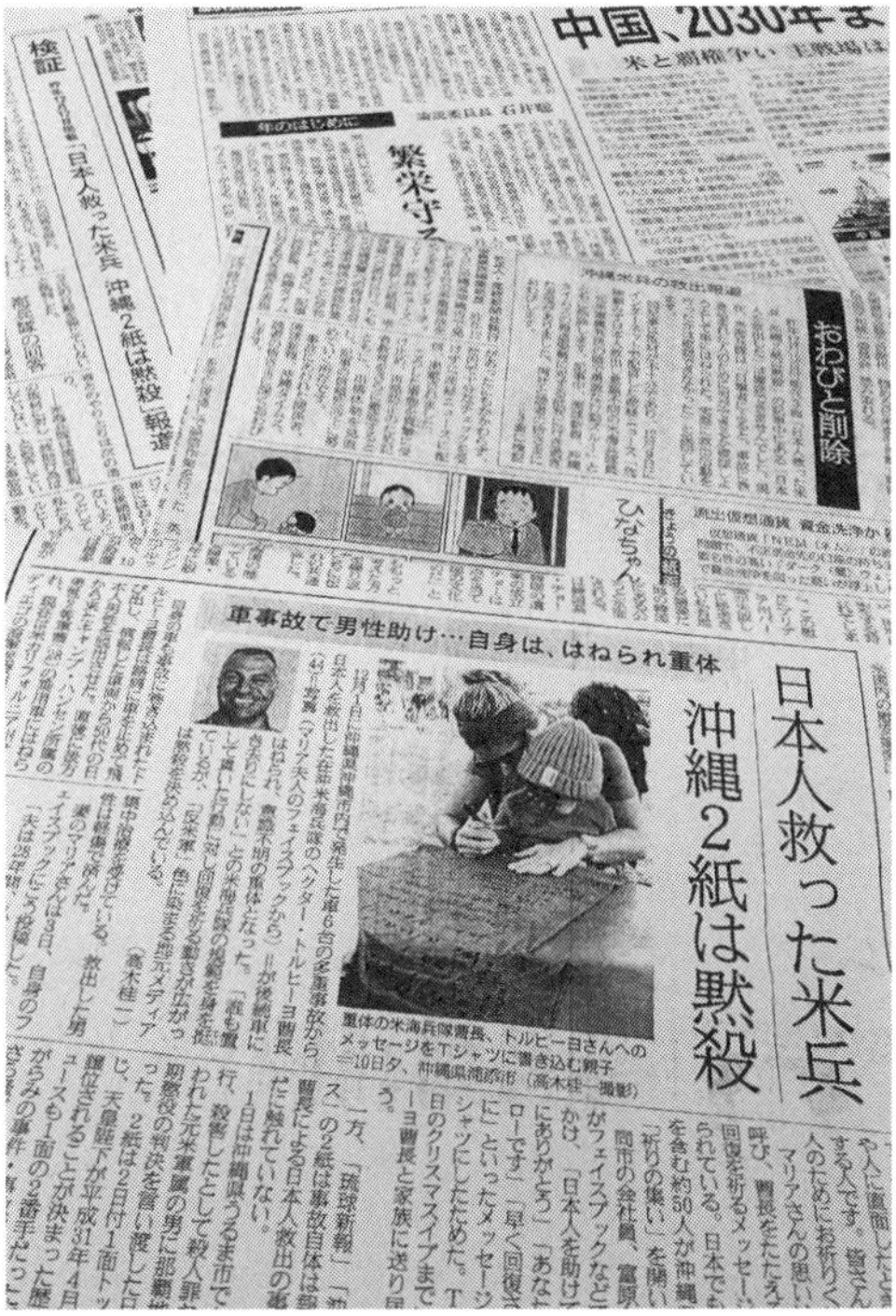

産経新聞は「日本人救った米兵　沖縄２紙は黙殺」と2017年12月12日朝刊で報じた。同紙は２カ月たった18年２月８日朝刊で「確認できなかった」として記事を削除することを表明し、琉球新報と沖縄タイムスに謝罪した

琉球新報は、自ら報道被害の汚名を晴らしたわけだが、これは、元「慰安婦」の金学順さんが強制連行されたと書いた、と決めつけて非難し続けてきた植村隆氏から、産経自身が強制連行されたという記事を書いていたことを突きつけられたことと重なる（第２章「私は捏造記者では

ない」参照)。黙っていれば分からないだろうと思ったかどうかは知らないが、報道機関の態度としては、いかがなものか。

沖縄の地元紙を狙い撃つ

【沖縄2紙が報じないニュース】――。

これは、産経ニュース内にある特集記事コーナーの共通タイトルだ。

辺野古新基地建設や、米軍基地問題をはじめ政府の安全保障政策に批判的な両紙をわざわざ挑発するようなタイトルと内容の記事が特色だ。「元米軍属判決の陰で勇敢な行動スルー」の記事は、多くの反響があったようだ。二〇一八年一月二日に産経ニュースがアップした、「二〇一七年、フェイスブックで拡散された回数が多い記事ランキング」で、同記事は五位にランクインしていた。

キーワードを検索すると、このコーナーにはほかに六本ほどの記事が掲載されており、いずれも那覇支局長の高木桂一氏の署名がある。▽「オール沖縄」の牙城に風穴開けた沖縄県外出身・元自衛官　那覇市議選、▽辺野古基金への寄付、給与天引き「オール沖縄」中核企業が労基法違反の疑い、▽中国の琉球統治に証拠なし　それでも中国の片棒担ぐ翁長雄志知事&琉球新報&沖縄タイムスの愚、▽沖タイ、新報が我那覇真子さん番組を「差別的放送」と〝攻撃〟「左翼紙に屈しない」、▽「差別発言だ」と沖タイ記者が詰め寄り、場外戦に…百田尚樹氏の沖縄講演傍聴記、▽我那覇真子さんFM番組あわや打ち切りに「左翼の言論弾圧に屈しない」。

いずれも三〇〇〇字前後の長文記事だ。高木氏の沖縄での仕事ぶりが浮かんでくる。

このうちの一本を取り上げたい。

〈一人の記者の取材の実態が図らずも全国にさらされたことが、今後、同紙にとって〝良薬〟になればいいのだが……〉

高木氏が記事の最後をこうした表現で締めくくっていたのは、「『差別発言だ』と沖タイ記者が詰め寄り、場外戦に…百田尚樹氏の沖縄講演傍聴記」だ。作家の百田尚樹氏が、二〇一七年一〇月二七日に沖縄県名護市で行った約二時間二〇分にわたる講演での出来事を取り上げたものだ。百田氏は二〇一三年一一月から一五年二月まで安倍首相の任命によりNHKの最高意思決定機関である経営委員会の委員を務めこともある〝沖縄二紙〟批判の急先鋒の一人だ。経営委員に在任中、東京都知事選（二〇一四年二月）に立候補した、自衛隊の元航空幕僚長・田母神俊雄氏の応援に駆けつけ、「南京大虐殺はなかった」などと演説するなどたびたび発言が物議を醸した。退任すると〝タガ〟が外れたからではないだろう。百田氏は一五年六月に自民党の若手らが同じ年の九月に予定されていた自民党総裁選での安倍首相の再選を意識して設立したと言われる「文化芸術懇談会」で講演し、「沖縄の二つの新聞は潰さないといけない」と発言し、大きな社会問題となった。「安倍晋三総理大臣を求める民間人有志の会」というグループのメンバーでもあった。そういう経歴を持つ百田氏の講演を沖縄の新聞記者が取材したいと思うのは当然だろう。

沖縄タイムスがウェブサイト上で配信した記事「百田尚樹氏、記者の名を挙げ『娘さんは慰み者になる』沖縄講演の詳報と検証」（二〇一七年一一月二二日）によると、百田氏は講演で次のような発言をしたようだ。

〈きょうは我那覇真子さんと美ら海水族館に行った。その後。『次はどこいくの?』『百田さん、次は高江のテント村行きませんか?』『えっ? 高江のテント村? 怖いやん、悪い人いっぱいおるんやろ?』『悪い人と言ったらあきません。市民ということですから』『市民? 沖縄県民どれくらいおんの?』『半分くらいです』『じゃあ、あとの半分は?』『知らんところから来てます』『ほな、いろんな県から来てるの?』『いろんな県じゃない。中国や韓国から来ていますよ』『嫌やなー、怖いなー、どつかれたらどうすんの?』『大丈夫、私が先生を守ります』『それやったら行く(笑)』〉

〈まともな記者が正しいことを書いても上のデスクにつぶされる。あるいは無理やり偏向させられる。出世もしたい。阿部(岳記者)さんはもう、悪魔に魂を売った記者だ。家に帰ったら嫁さんがいる。娘さんがいる。知らんけど。中国が琉球を乗っ取ったら、阿部さんの娘さんは中国人の慰み者になります。それを考えて記事を書いてください。給料アップのために、沖縄全体をおとしめるような記事を書かないでください〉

百田氏が言及した、我那覇真子さんというのは、講演を企画した「琉球新報、沖縄タイムスを正す県民・国民の会」という団体の代表を務める人物だ。高木氏が書いた記事では『沖縄のジャンヌダルク』と呼ばれる」と紹介されている。沖縄県名護市での辺野古新基地建設や、東村高江での海兵隊訓練用のヘリパッド（ヘリコプター着陸帯）の移設工事に反対する人たちを批判的に取り上げた東京メトロポリタンテレビジョン（TOKYO MX）の「ニュース女子」の沖縄基地反対運動特集（本章「MX、『ニュース女子』打ち切り」の項参照）でも登場し、現地での取材を行った「軍事ジャーナリスト」の肩書を持つ井上和彦氏からインタビューを受けている。

百田氏が紹介した我那覇氏とのやりとりを読む限り、ヘリパッド建設に反対している中国、韓国の人は「怖い」という認識を前提にしていると解釈するのは自然ではないだろうか。

取材していた阿部岳記者は講演後に発言の内容について百田氏本人に直接ただした。

この時の様子を沖縄タイムスは一〇月二八日朝刊で「『中国や韓国怖いな』百田氏講演　高江反対運動に」との、見出しの記事の中で〈中国や韓国に対する差別を問う本紙の取材に対し、百田氏は「県民が半分で、あとは全国、世界から活動家が来ているということに対して怖いと言った。差別意識は全くない」と説明した〉と報じた。

高木氏の記事は、百田氏に対する阿部記者の取材の様子を取り上げたもので、「差別発言があった」と質問する阿部記者が詰め寄っているように見えたようで、「現場で見えたのは、事実を都合の良いようにねじ曲げて伝える『偏向報道』の〝作られ方〟だった」とし、「その取材姿勢は『差別発言ありき』で、『百田氏はヘイトスピーカーだ』というレッテルを張り、バッシング報道を展開する魂胆があったと受け取れた」と書いた。要するに阿部記者の「言い掛かり」だというのである。

沖縄タイムスの記事は、百田氏の発言を「差別」だと断罪しているわけでもなく、事実関係をたんたんとストレートニュースとして報じているようにしか筆者には読めなかった。もちろんそこには読者が知りたいと思うニュースだという沖縄タイムスの判断があるのは当然だ。百田氏と阿部記者のやりとりがインターネットで中継されていなければ、「偏向報道」がされていたというのだろうか。しかし、それはもう誰にも判断がつかない。想像するしかないのだ。

百田氏の講演には六〇〇人を超える人が集まり、立ち見も出るほどだったらしい。その中で阿部記者が百田氏と向き合うように最前列の席にいたことを高木氏は「取材する記者には『特権』があると思っているのか。沖縄タイムスの阿部岳記者（北部報道部長）が、立ち見を余儀なくされている人たちを横目に、最前列の席に陣取っていた。さあ百田さんよ、何を言うか、しっかり監視してやる――とでも言いたげな光景だった」と感想を書いている。しかし、この部分の肝心な点――阿部記者が特権だとして最前列を陣取ったのか――は、阿部記者の認識と正反対だ。沖縄タイムスの先の記事には「本紙の阿部記者が事前に申し込んで取材に行くと、最前列中央の席に案内された」とある。百田氏は二一回も阿部記者の名前を挙げたという。高木氏は、主催者や阿部記者に聞かなかったと言うことなのだろうか。

沖縄タイムスの記事には百田氏のコメントはあったが、高木氏の記事に阿部記者のコメントはない。高木氏に名指しで非難された阿部記者も黙っていたわけではなかった。著書『ルポ沖縄　国家の暴力』の出版元・朝日新聞出版のウェブサイトへの寄稿「産経新聞大誤報の真相『つぶすからな』取材もせず沖縄タイムス記者を恫喝」（一八年四月二日）の中で反論した。「なぜ声を掛けてくれなかったのですか」。講演会場に高木氏がいたことを同氏の記事で初めて知り、電話で高木氏に直接、そう問いかけた経緯を明かしている。ところが高木氏からは「つぶすからな」（百田氏が一五年六月に自民党の会合でした発言を想起させる）などと罵声を浴びせられたという。やむなく産経新聞社の広報部に質問した。その回答は「傍聴記だったため直接の取材は控えましたが、今後は可能な限り取材に努めます」ということだったらしい。

どちらに軍配が上がったかは明らかだろう。

高木氏の方が「偏向報道ありき」の内容に思えるのは、筆者だけだろうか。すでに書いたように、阿部記者の取材を批判したこの記事が出たおよそ一カ月後、高木氏は、裏付け取材の甘さから誤報をしでかし、産経は記事を取り消さざるを得なくなるのである。

「沖縄二紙」批判は一五年以降に集中

琉球新報と沖縄タイムスを「沖縄二紙」とひとくくりにして非難する記事の掲載を産経が始めたのはいつごろからなのか。

産経記事DBでの検索結果は一九件（東京朝刊・夕刊、二〇一八年一二月一二日現在）だった。初出は一九九七年四月一〇日。新進党の西村真悟氏の国会での発言につけた見出しにあった。一九件のうち一七件は、NHK経営委員を退任した作家の百田尚樹氏が自民党の議員勉強会で発言した「沖縄二紙を潰さねば」（二〇一五年六月二六日）以降に集中している。主な記事の見出しを紹介すると、▽沖縄二紙は権威そのもの　八重山日報・仲新城誠編集長インタビュー（二〇一五年一二月一九日）、▽「沖縄二紙の報道に偏り」県と知事提訴の原告団が都内で会見（同月二二日）、▽沖縄二紙と共産「結束」赤旗に編集局長インタビュー（二〇一七年八月二〇日）――などだ。

朝日が二〇一七年一一月三日朝刊に、産経ニュースに掲載された朝刊一面コラム「産経抄」（一〇月一九日）に付けられた「日本を貶める日本人をあぶりだせ」の見出しに「『排他的』見出しに批判続々」という記事を掲載した。新聞紙面の産経抄には通常、見出しはないが、ネット上の記事につけられた見出しが大きな話題となったらしい。件のコラムは、国際ジャーナリスト団体「国境なき記者団」（本部パリ）が発表する報道の自由度ランキングで安倍政権下の日本は低位が続いたり（一七年は一八〇カ国・地域のうち七二位、一八年は六七位）、「日本軍『慰安婦』の声」が国連教育科学文化機関（ユネスコ）の世界記憶遺産に登録される可能性を批判し、その原因は評判を下げている日本人自身の存在がある、と指摘した内容だ。本文にはない「あぶりだせ」という表現が見出しについた。これまで見てきたように産経ニュースの見出しは、新聞紙面に載った記事に比べて編集者の品格を疑うような悪意のこもった表現が使われる傾向がある。新聞用ではなく、ネット用に書かれた記事になると見出しだけでなく、内容もさらに辛辣になる。

朝日や日本経済など他の全国紙がネット記事の有料化に踏み切るなかで、産経はつい最近まで紙面イメージを含めて惜しげもなく無料でのニュース記事配信に力を入れてきた。アクセス数を稼いで、広告による収益を上げる方針を基本にしてきた、といわれる。とりわけ二一世紀になって台頭したネット右翼とよばれるユーザー層からは大きな支持があるようで、産経は、新聞の発行部数以上の存在感をネット上では示している。

そういう産経の営業戦略のなかで、ウェブ編集にかかわる記者たちが経営陣の意向を付度して取材し、報じることにかりたてられているのか、それとも自らの信念に基づいてのことなのか。その心の内は、わからない。ただ、このように個人を狙い撃ちしたネガティブキャンペーンがネット時代の新聞の新しい在り方とは到底思えない。

元「慰安婦」の証言や記録の収集・公開に取り組むアクティブ・ミュージアム「女たちの戦争と平和

資料館」（wam）に、爆破を予告する葉書が初めて届いたのは二〇一六年一〇月だった。「日本軍『慰安婦』の声」の世界記憶遺産への登録申請の中心にいた同団体に対する批判記事を、産経ニュースなどが繰り返し掲載しているさなかであった。産経抄がのちに「あぶりだせ」と煽動した団体にあたるかもしれない。元NHKディレクターの池田恵理子・名誉館長は言う。

「産経新聞のような大新聞が攻撃しているのだから、wamを叩いても構わないのだと、お墨付きを得たように思ってしまう人が多い。これは怖いことだ。そういう影響力があることを自覚してほしい」

望月衣塑子氏や植村隆氏とその家族や勤務先、そしてwamに対する脅迫が産経の記事がきっかけになっていると立証することは難しい。しかし、だ。新聞の批判の矛先になった人がテロや暴力の恐怖にさらされているときには、批判するのと同じかそれ以上の力で守り切るキャンペーンを張るのが新聞の責務ではないだろうか。

■MX、「ニュース女子」打ち切り

東京のローカル局・東京メトロポリタンテレビジョン（TOKYO MX、東京MXテレビ）が放送していた情報バラエティー番組「ニュース女子」が二〇一八年三月で終了した。放送開始は一五年一〇月七日。番組は、スポンサーの大手化粧品会社ディーエイチシー（DHC）が東京MXテレビの番組枠を買い取り、一〇〇％子会社の「DHCシアター」（現DHCテレビジョン）が制作した番組をMXが放送するいわゆる「持ち込み番組」として放送されていた。DHCは東京MXテレビにとって最大の取引先で、有価証券報告書によると、一五年度は売り上げの一四・三％（二三億五九〇〇万円）、一六年度は一一・五％（二〇億八三〇〇万円）を占める大スポンサーだ。「上客」を失うことになりかねないのだから、営業的には相当の覚悟と、そして視聴者の信頼回復にはやむを得ないという経営判断があったとみられる。

東京ＭＸテレビは、打ち切りの経緯について「当社では、より放送責任を明確にする立場から、当番組の制作主体を当方に移したいとの意向をスポンサーに申し入れてきました。しかしながら、最終的に両社間の協議が不調に終わったため、当社での放送を三月末を以て終了いたします」との見解を三月一日に報道発表している。

ＤＨＣとＤＨＣテレビジョンの会長を兼ねる吉田嘉明氏は打ち切りの経緯について産経デジタルが運営している、オピニオンサイト「iＲＯＮＮＡ（いろんな）」に寄稿した中で次のように明かしている。

〈ＤＨＣの方から、ＭＸテレビとの取引はお断りしました。「番組内容を全面的に変えたい」「『ニュース女子』というタイトルを全く違うものに変更したい」との申し出があり、それにはきっぱりとお断りしたというのが内情です。これからも全国一七社の地上波放送局で放映は続行します〉

「ニュース女子」をめぐっては、沖縄県の普天間基地移設に伴う辺野古新基地建設や、米軍北部訓練場のヘリパッド建設に反対する人たちを取り上げた一七年一月二日放送の「沖縄基地反対運動特集」（約一九分間）の内容が直後から、「沖縄ヘイト」だとして批判を浴びた。一月九日にも二日の放送に対する視聴者からの反響について「ニュース女子」は冒頭で約七分間、取り上げている。

放送界の第三者機関・放送倫理・番組向上機構（BPO）から「重大な放送倫理違反があった」、と指摘を受けた東京 MX テレビが放送した「ニュース女子」の沖縄基地反対運動特集＝ 2017 年 1 月 2 日放送

このため、放送界の第三者機関「放送倫理・番組向上機構」（ＢＰＯ）の放送倫理検証委員会（神田積委員長・弁護士）と、放送と人権等権利に関する委員会（奥武則委員長・ジャーナリズム史研究者）の二つの委員会が乗り出すことになった。その結果、放送倫理検証委員会は番組考査が適正に行われないまま放送されたとして「重大な放送倫理違反があった」（一七年一二月一四日）とする意見書を公表。一方、番組内で反対運動の「黒幕」と名指しされた在日三世の人材育成コンサルタントで、市民グループ「のりこえねっと」の共同代表を務める辛淑玉さんの申し立てを受けた放送と人権等権利に関する委員会（放送人権委員会）は、「名誉毀損の人権侵害があった」（一八年三月八日）とＭＸに勧告した。

ＢＰＯの二つの委員会の指摘に対して、東京ＭＸテレビは、それぞれ「当社は、本件に関し、審議が開始されて以降、社内の考査体制の見直しを含め、改善に着手しております。改めて、今回の意見を真摯に受け止め、全社を挙げて再発防止に努めてまいります」、「当社は、この勧告を真摯に受け止め、現在進めている再発防止策を着実に実行して、信頼される放送の推進に努めて参ります」――とするコメントを発表した。

また、辛さんに対しては、一八年七月二〇日にエフエム東京出身で前月に専務から昇格したばかりの伊達寛社長（放送時の社長は、三井住友銀行出身の河内功氏）が面会し、「深く傷つけたことを深く反省し、おわびいたします」と伝えたという。この日、辛さんが面会後に記者会見して明らかにした。また、MXもホームページに謝罪文を掲載した。

BPOの二つの委員会が同じ番組を取り上げた過去のケースは、NHKが二〇一四年五月一四日に放送した報道番組「クローズアップ現代　追跡〝出家詐欺〟～狙われる宗教法人～」だけだ。このとき、放送倫理検証委員会は著しく正確性に欠ける情報を伝えたとして、「重大な放送倫理違反があったと判断した」とする意見を公表（一五年一一月六日）。一方、放送人権委員会は、申立人が番組では特定されないようにしてあったことから人権侵害は認めなかったものの、番組内容に虚偽が含まれていたことから必要な裏付け取材を欠いたとして「放送倫理上重大な問題あり」と勧告した（同年一二月一一日）。

根拠なく「危ない」連発

BPOの委員会が問題とした沖縄基地反対運動特集は、どんな番組内容だったのかを見てみたい。

〈骨格となるのは、軍事ジャーナリストという肩書の井上和彦氏による、一六年一二月に行なった沖縄の現地取材VTRだ。内容は概ね次のようだった。

テロップには「マスコミが報道しない真実　井上和彦沖縄緊急調査」とある。画面には『週刊新潮二〇一六年一一月三日号』の記事が大写しになる。見出しは「なぜ『土人』発言だけが報道されるのか?」「沖縄へリパッド『反対派』の『無法地帯』現地レポート」。実際の記事を見ると、「天下の公道に『私的な検問所』設置で大渋滞」「『ぶっ殺すぞ、お前!』ヤクザまがいの暴言一覧」などとあった。この『週刊新潮』記事のテレビ版を東京MXテレビがやろうとしたことが窺える。井上氏の沖縄からの発言も「過激な反対運動が行われているということで、現場がどのようになっているのか取材するためにやってまいりました」と始まる。反対する人を見つけると、「い、いきなりデモ発見」「井上さん　このまま突っ込んで襲撃されないですか」とのナレーション。続いて「取材交渉」とのテロップが流れるとすぐに、「このままだと危険と判断しロケ中止」。、井上氏は「近づくと（反対派が）一人二人立ち上がって、敵意をむきだしにしてきてかなり緊迫した感じになりますんで、このあたりでやめておきます」。

　反対する人たちが井上氏にどれほど危険な態度を具体的に示したのかは全く分からないまま、「危ない、危ない」の連呼だ。しかもこうした反対する人たちを、「過激派デモの武闘派集団『シルバー部隊』逮捕されても生活の影響もない」と底意地悪く紹介する始末。

　高江の工事現場から約四〇キロも離れたトンネルの前。「トンネルの先が高江へリパッド移設現場」として再び井上氏が報告に立つが、「高江に向かっているロケの途中、地元関係者から、トラブルに巻き込まれる可能性があるので中止すべきだとの要請があり、井上さんに断念してもらうことに」とのナレーションが流れた。軍事ジャーナリストというのは、「危険地」での取材はしないものらしい。ちなみに番組の紹介欄には井上氏について、「テレビ番組では歯に衣着せぬ爆裂本音トークで難解な軍事問題などを分かりやすく解説する」とあり、航空自衛隊幹部学校講師、東北大学大学院非常勤講師という肩書もついていた。井上氏は番組中、反対する人たちを「テロリストみたい」と表現している。「何故、犯罪行為を繰り返すのか」とのナレーションが入り、「そこには報道されない真実が!!」とのテロップが大きく映る。

番組が次にやり玉に挙げたのは、在日三世の人材育成コンサルタント、辛淑玉さんが共同代表を務める市民グループ「のりこえねっと」が、市民を特派員として現地に派遣する際に支給している交通費（五万円）だ。「反対派は日当を貰っている」「反対派の人たちは何らかの組織に備われているのか」――。登場した沖縄のラジオDJは、普天間基地の現場周辺にあったという「二万」と書かれた茶封筒を示した。反対派は、反対運動に参加している人は、沖縄県民ではなく、金銭目的に本土から来ているのだということを番組は言いたいのだろうか。反対派が救急車を止めて現場に入れなかったと放送していたが、これは虚偽の情報らしい。「今回の取材で井上和彦が感じたことは…」とのテロップが入り、海に向かって井上氏と「琉球新報、沖縄タイムスを正す県民・国民の会」代表の我那覇真子氏の二人が「沖縄を返せ！」と大声で叫ぶところで現地レポートは終わり、スタジオでの出演者のトークに切り替わる。主な発言を紹介する。

（沖縄について）

岸博幸氏（慶応大学大学院教授）「過激な行動をしている奴らのうち沖縄の人たちの割合は？　実は沖縄の人はみんなアメリカが好きなんですよ。ここまで体を張った過激な反対をするとはとても思えない」「こういう無法地帯に年間三〇〇〇億円の沖縄振興費が流れている。これが結構、いかがわしい用途に使われている」

井上氏「(沖縄の) 大多数の人から米軍基地に反対という声は聞かない」

(辛氏について)

須田慎一郎氏 (経済ジャーナリスト)「この方は反原発、反ヘイトスピーチ、職業的にずっとやってきていま沖縄に行っている」「辛さんは在日韓国人の差別と戦って来た中ではカリスマなんですよ。ピカイチなんですよ。お金がガンガン集まってくる」

上念司氏 (経済評論家)「はい、隙間産業ですね。何でもいいんです。盛り上がれば」

(中国・韓国人による反対運動への参加について)

井上氏「(反対派の中に) 韓国人はいるは中国人はいるはという状況。何でこんな奴らが反対運動をやっているんだと地元の人は怒り心頭になっていると聞きました」

上念氏「親北派ですから韓国の中にも北朝鮮大好きという人がいる」

出演者は「日当」の財源への関心も高かった。「反対運動を煽動する黒幕の正体は?」というテロップが表示される中で井上氏は、「これは本当に分からないんですよ。『のりこえねっと』というところ (のビラ) に書いてあって」と答えている。〉

＝神保太郎「メディア批評」世界 (岩波書店) 二〇一七年四月号から抜粋。

沖縄の現地からの報告や出演者の発言からは、反対派を「テロリスト」呼ばわりし、否定的イメージを視聴者に与えようとする悪意が露骨だった。印象操作を狙っているように感じた。

このときのメインキャスターは、当時、東京（中日）新聞論説副主幹の長谷川幸洋氏だった。番組では、名指しされた辛さんのコメントも反対派のコメントもなく、それを長谷川氏が代わりに補うこともなかった。反対派批判一色のいわば一方的な構成だった。東京新聞は長谷川氏が論説副主幹という立場であることを重視し、二〇一七年二月二日朝刊一面に「『ニュース女子』問題　深く反省」とのタイトルで深田実・論説主幹の記事を掲載した。深田主幹は「本紙のこれまでの報道姿勢および社説の主張と異なる。事実に基づかない論評が含まれており到底同意できない。そのことが偏見を助長して沖縄の人々の心情、立場をより深く傷つけ、また基地問題が歪めて伝えられ皆で真摯に議論する機会が失われかねない」と指摘し、「他メディアで起きたことではあっても責任と反省を深く感じています。とりわけ副主幹が出演していたことについては重く受け止め、対処します」と表明している。長谷川氏を三月一日付で副主幹から論説委員にする人事が発令された。長谷川氏は東京新聞以外の媒体での出来事を処分したことに対して「言論の自由に反する」と批判している。一八年三月に退職した。

「ニュース女子」の沖縄基地特集は、放送直後から辛さんをはじめ大きな批判が沸き起こったが、実は一月二日と九日放送の番組はインターネットでその後も見ることができる（二〇一八年一一月末現在）。すでに紹介したように、この番組はDHCが買い取った枠での放送で著作権は同社側にあり、DHCテレビジョンのホームページで公開しているのだ。その姿勢からも推測できるようにDHC側は批判に対しては当初から反発していた。

DHCは辛さんや反対派を取材しなかった理由について「犯罪や不法行為を行っている集団を内包し、容認している基地反対派の言い分を聞く必要はない」との見解を一七年一月二〇日に発表した。驚くような言い分だった。

放送法や日本民間放送連盟（民放連）放送基準解説書を持ち出すまでもなく、「意見が対立している問題については、できるだけ多くの角度から論点を明らかにすること」（放送法四条）や、「社会・公共の問題で意見が対立するものについては、できるだけ多くの角度から論じなければならない」（解説書）のは、放送人であれば当然すべきことである。事件報道であればなおさらだ。民放連が裁判員制度が導入されるにあたって二〇〇八年に作成したガイドライン「裁判員制度下における事件報道について」には、「事件報道にあたっては、被疑者・被告人の主張に耳を傾ける」とあり、罪を犯した疑いのある人にこそ訴えを聞けということだ。DHCの見解は、濱田麻記子社長（当時）、山田晃・番組チーフプロデューサー（当時、現社長）の連名である。放送界の一角で仕事をしていながら、自分たちが仕事をする業界自身で定めた基準に真っ向から反旗を翻しているように視聴者には映るのではないだろうか。

BPOの放送倫理検証委員会は、なぜこうした基本的な取材を尽くしていない番組が放送されてしまったのかを問題視し、考査の適正性に焦点を当てた審議を行った。

その結果は、（一）抗議活動を行う側に対する取材の欠如を問題としなかった、（二）『救急車を止めた』との放送内容の裏付けを制作会社に確認しなかった、（三）「日当」という表現の裏付けの確認をしなかった、（四）「基地の外の」とのスーパーを放置した＝筆者注・「気違い」を連想させる、（五）侮蔑的表現のチェックを怠った、（六）すべての編集が終わった「完全パッケージ」（完パケ）での考査を行わなかった――

の六点を上げ、「考査は放送倫理に照らして適正に行われたとは言えない」として重大な放送倫理違反と認定した。

一方、放送人権委員会は、番組は「(辛さんが)『過激で犯罪行為を繰り返す基地反対運動を職業的にやってきた人物でその〈黒幕〉である』、『中立人が過激で犯罪行為を繰り返す基地反対運動参加者に五万円の日当を出している』との事実を摘示しているものと認められ、それら事実の真実性は立証されていない」と指摘した。東京MXの「公共性のあるテーマについて公益目的で行われた放送で、その内容は真実であるから名誉毀損にはあたらない」との反論を退けた。また、放送倫理上の観点から考査にも言及し、辛さんへの取材がされていないことや、人種や民族を取り扱う際に必要な配慮がされていないという二点についても問題視した。

東京MXは二〇一七年二月二七日の「番組『ニュース女子』に関する当社見解」の中で、「番組内で使用した映像・画像の出典根拠は明確でした。番組内で伝えた事象は、番組スタッフによる取材、各新聞社等による記事等の合理的根拠に基づく説明であったと判断しております。事実関係において捏造、虚偽があったとは認められず、放送法及び放送基準に沿った制作内容であったと判断しております」と主張していたが、全否定されたわけだ。一方、DHC側はBPOの対面での聞き取り要請には応じず、書面で回答しただけであった。

DHC側は放送倫理検証委員会の意見に対して、「(二〇一七年)一月に出した見解と相違ございません」と、東京MXテレビと異なり、考えは変わっていないようだ(朝日新聞二〇一七年一二月一五日朝刊)。

DHCの吉田嘉明会長はBPOについて先に取り上げた「iRONNA」への寄稿でこう主張している。

タイトルは「【DHC会長独占手記】『ニュース女子』騒動、BPOは正気か」(一八年四月)。

〈委員のほとんどが反日、左翼という極端に偏った組織に「善悪・正邪」の判断などできるのでしょうか〉

〈沖縄問題に関わっている在日コリアンを中心にした活動家に、彼らが肩入れするのは恐らく同胞愛に起因しているものと思われます。私どもは同じように、わが同胞、沖縄県民の惨状を見て、止むに止まれぬ気持ちから放映に踏み切ったのです。これこそが善意ある正義の行動ではないでしょうか〉

「ニュース女子」でも吉田会長の主張と重なる番組を「WEB限定版　これ、誰が決めているの⁉」(約一〇分)＝二〇一八年五月二八日(初回配信)＝として地上波放送の本編の「延長戦」の位置づけで収録したものを公開している。やり玉に挙げられたのは、放送倫理検証委員会の九人の委員たちだ。

MCの上念司氏の「皆さん　お待たせしました。ここからBPO解禁(解放?)でございます」との言葉で始まる番組は、常連出演者の岸博幸氏や須田慎一郎氏、武田邦彦氏(中部大学教授)らによるBPO批判で占められた。

上念氏「升味佐江子さん(委員長代行)は有名な沖縄の反対運動をされている弁護士さん。斎藤貴男さんも『そちら系』の有名なジャーナリスト」

岸氏「政府の審議会と同じように選ぶ人たちの意向に近い人たちが選ばれるから全体の構成として本当

にニュートラルかというと疑問が非常にある」「本来こういうところの委員を含めＢＰＯ全体の組織は国の組織としてやった方がいいんじゃないの。委員も国会承認ぐらいやってちゃんと両方の立場から人が選ばれている形にしないと中立性、絶対担保できませんから。限界があると思うんですね」「自主規制は行政の不作為の裏返しなんですよ。本来、行政が責任を持ってやるべきなのに、批判されたら大変だからっていうんで業界に任せて自主規制をやらせている」

須田氏「（ＢＰＯの委員は）業界が設置している団体だからキー局の中で決まってくる」「処分とか判断を下すにあたって明文化された基準とかルールがあってそれに合致しているかしていないか――（基準を）越えているのか、どうなのか、ルールが明確になっていない限り判断なんて下せない。（委員会には）ルールがない」「放送法四条はアメリカの法律を写したようなもの。アメリカには政治的公平は撤廃されてない。日本も撤廃すればいい」

武田氏「弁護士や映画監督、エッセイスト、大学教授といった社会的ランキングで選ぶのも、もともと倫理違反。この委員会は完全に倫理違反だ。その委員会が『おれは殿様だ』と言って判断している」

大半が出演者の個人的な意見なので、いちいちファクトチェックをするまでもないが、須田氏の「ルールがない」というのは違うのではないか。須田氏は「恣意的判断」とまでは言っていないが、放送倫理検証委員会の意見や放送人権委員会の勧告を読む限り、ジャーナリズムにかかわるこれまで積み重ねられてきた倫理規範に沿って精緻な議論をした結果だと受け止めた。本当なら放送事業者（東京ＭＸテレビ）内で導き出すべきだった。

ところで、須田氏の放送法四条撤廃は、一考に値しないわけでもない。二〇一六年春に国連人権理事会の特別報告者として、表現の自由の状況について来日調査したデイビッド・ケイ氏（終章「抗う」参照）が四条の廃止に言及していたが、四条が、第一次安倍政権時代（二〇〇六年九月〜〇七年九月）から露骨な放送介入の口実に悪用されてきた歴史を考えれば、選択肢の一つであろう（参考・拙著『検証アベノメディア　安倍政権のマスコミ支配』緑風出版）。ただし、期待していることはケイ氏の狙いとはおそらく全く正反対だろう。ネット上でのように露骨な発言ができる自由を手に入れることではないか（筆者は「ａｂｅｍａＴＶ」がその温床化しつつあるのではないかと危惧している。この番組に対する考察は別の機会に譲りたい）。岸氏は経済産業省出身で、竹中平蔵総務大臣（二〇〇五年一〇月〜〇六年九月）の秘書官として放送と通信の融合を進めようとした。岸氏の言うようなＢＰＯを行政の監督下に置く提案は放送の自由を守る立場からは論外である。

ＤＨＣのホームページには吉田嘉明会長のメッセージが掲載され、その中には次のような一文がある（現在は確認できない）。

〈いま日本には驚くほどの数の在日が住んでいます。同じ在日でも日本人になりきって日本のために頑張っている人は何の問題もありません。問題なのは日本人として帰化しているのに日本の悪口ばっかり言っていたり、徒党を組んで在日集団を作ろうとしている輩です。いわゆる、似非日本人、なんちゃって日本人です。（略）似非日本人はいりません。母国に帰っていただきましょう（抜粋）〉

辛さんは一八年七月三一日、ＤＨＣテレビジョンと長谷川幸洋氏を相手取り、計一一〇〇万円の損害賠償を求める訴訟を東京地裁に起こした。今後は裁判で違法性が争われることになる。

「ニュース女子」は東京MXテレビだけでなく、一〇の地上波局が三月で放送を打ち切ったが、次の地上波局ではまだ放送されているという。青森テレビ、岩手めんこいテレビ、秋田テレビ、さくらんぼテレビ（山形）、静岡第一テレビ、チューリップテレビ（富山）、石川テレビ、福井テレビ、びわ湖放送（滋賀）、奈良テレビ、テレビ和歌山、山陰中央テレビ（島根・鳥取）、テレビ山口、テレビ高知、サガテレビ、テレビ宮崎、大分放送である。

各局の考査が機能し、放送倫理が守られることを願うばかりだ。

■『新潮45』が休刊

杉田水脈《みお》氏は『正論』（産経新聞）や、『WiLL』（ワック）、『SAPIO』（小学館）、『Hanada』（飛鳥新社）、そして『新潮45』といった、いわゆる「右派系」や「保守系」と呼ばれる月刊・隔月刊誌の読者層の間では知られていた自民党の衆議院議員だったが、一躍全国に名前が知れ渡ることになったのは、二〇一八年一〇月号で休刊（事実上の廃刊）になった新潮社（佐藤隆信社長）の月刊誌『新潮45』一八年八月号への寄稿がきっかけだった。

タイトルは、「『LGBT』支援の度が過ぎる」。LGBTは、レズビアン（女性同性愛者）、ゲイ（男性同性愛者）、バイセクシュアル（両性愛者）、トランスジェンダー（心と体の性が一致しない人）の英語の頭文字をとった言葉で、性的少数者の人たちのことだ。

杉田水脈氏の論考が掲載された『新潮45』2018年8月号（下）と最終号となった2018年10月号（上）

〈子育て支援や子供ができないカップルへの不妊治療に税金を使うというのであれば、少子化対策のためにお金を使うという大義名分があります。しかし、ＬＧＲＴのカップルのために税金を使うことに賛同が得られるものでしょうか。彼ら彼女らは子供を作らない、つまり『生産性』がないのです。そこに税金を投入することが果たしていいのかどうか。にもかかわらず、行政がＬＧＢＴに関する条例や要綱を発表するたびにもてはやすマスコミがいるから、政治家が人気とり政策になると勘違いしてしまうのです〉

いわゆる優生思想をあらわにした表現があふれるこの論考でいう「支援」が何を指しているのか詳細は不明だが、杉田氏が『新潮45』の一六年一一月号に寄稿した「『LGBT』支援なんかいらない」を併せて読むとよく分かる。このときは落選中で肩書は前衆議院議員だった。

そこでは、東京都渋谷区が同性カップルを婚姻関係に等しいと認めるパートナーシップ制度を導入した条例を制定したのに続き、東京都世田谷区や兵庫県宝塚市が要綱を定めたことを批判し、「(公務員が忙しいなかで)人手を割いて取り組むほど重要な課題ではありません。(略)私はこの支援策は必要ないと思っています」と断じている。この寄稿では一六年に自民党が社会への理解を進めるために議員立法として提案しようとしていたことに対しても「自民党、お前もか！」と一喝。そして次のように書いた。

「『日本に重大な女性差別は存在しない』と主張してもまだ聞いてもらえますが、LGBTに関しては当事者ではないため、同じ主張をしても『差別主義者』のレッテルを貼られてしまいます。それでも言い続けなければいけません。日本は昔から多様性を認める文化で、欧米諸国のような同性愛者差別は存在しないと。うまくいかないことがあれば国や行政になんとかしてもらおうとする、そういう事例が噴出してきています。このままいくと日本は『被害者(弱者)ビジネス』に骨の髄までしゃぶられてしまいます」

『週刊文春二〇一八年九月二七日号』によると、杉田氏は「生産性の部分は編集部が付け加えたもの」と釈明しているらしい。しかし、杉田氏は一六年一一月号の中でも「国や自治体が少子化対策や子育て支援に予算をつけるのは、『生産性』を重視しているからです。生産性のあるものと無いものを同列に扱うのは無理があります。これも差別ではなく区別です」と書いている。これも編集者が付け加えたと言いたいのだろうか。生産性という視点は杉田氏には、もともと強いこだわりがあった、と受け止めるのが自然ではないだろうか。

一八年八月号の寄稿は「日本を不幸にする『朝日新聞』」と題した特集の中の一本。一六年一一月号の続編のような位置づけで、ＬＧＢＴに関する記事を頻繁に取り上げる朝日や毎日の報道を批判し、「ＬＧＢＴだからといって実際そんなに差別されているものでしょうか」と指摘している。この二本の論考は、いわばセットなのだ。

『「ＬＧＢＴ」支援の度が過ぎる」が載った、一八年八月号が発売された七月一八日、立憲民主党の尾辻かな子衆院議員が自身の短文投稿サイト「ツイッター」で「ＬＧＢＴも納税者であることは指摘しておきたい。当たり前のことだが、すべての人は生きていること、その事自体に価値がある」と取り上げると、大きな反響を呼んだ。尾辻氏は自分がレズビアンであることを明らかにしている政治家である。

これに対して、杉田氏はこの段階ではまだ余裕を見せていたと思われる。七月二二日のツイッターに次のように書き込んでいる。

〈自民党に入って良かったなぁと思うこと。「ネットで叩かれてるけど、大丈夫?」とか「間違ったこと言ってないんだから、胸張ってればいいよ」とか「杉田さんはそのままでいいからね」とか、大臣クラスの方を始め、先輩方が声をかけてくださること。〉

〈ＬＧＢＴの理解促進を担当している先輩議員が「雑誌の記事を全部読んだら、きちんと理解しているし、党の立場も配慮して言葉も選んで書いている。言葉足らずで誤解される所はあるかもしれないけど問題ないから」と、仰ってくれました。自民党の懐の深さを感じます。〉

この書き込みは後に削除されている。その理由を杉田氏は翌二三日に「北海道に旅立つ前に赤坂警察署に来ました。先日、自分はゲイだと名乗る人間から事務所のメールに『お前を殺してやる！　絶対に殺してやる！』と殺人予告が届きました。これに対して被害届を出しました。警察と相談の上、一連のLGBTに関連する投稿は全て削除いたしました」と書き込んだ。それまで毎日のように投稿していたが、これが本人による最後の関連ツイートとみられる。ただ、七月二一日が最後の書き込みだったブログは一〇月二六日から再開したようである。

杉田氏へのこうした脅しはこの時だけではない。一八年二月三日にもツイッターに「国会議員をやめて頂けないでしょうか」「貴方の娘さんに被害が被るかもしれませんよ」――といった投稿があった、という。三月になって静岡県浜松市の四一歳の男が脅迫容疑で逮捕されている（後述するが、朝日、毎日の第一報では差別を助長するような寄稿であることに重きを置いたニュースだったのに対して、同じ一報でも産経の七月二四日朝刊の「LGBT支援疑問視で『杉田議員殺す』という見出しの記事では、危害予告のメールが来たことをニュースと、とらえ、寄稿が関連している可能性があるという書き方だった）。

杉田氏は、二〇一二年の衆院選では日本維新の会から出馬し、比例近畿で初当選した。次世代の党から出馬した一四年の衆院選では落選。一七年の衆院選では自民党に鞍替えし、比例中国の最上位で返り咲いた。安倍晋三首相の出身派閥である細田派で、安倍首相のお膝元である山口県連に所属する「安倍チルドレン」の一人だ。

自民党の二階俊博幹事長は七月二四日の記者会見で「人それぞれ政治的立場、いろんな人生観がある。右から左まで各方面の人が集まって自民党は成り立っている」とかばい、問題視しない姿勢を示した。

自民党のこうした態度が若手議員の暴言を誘発したのかは分からない。谷川とむ衆院議員（比例近畿・当選二回）が七月二九日に出演した、テレビ朝日が出資するインターネットテレビ「ＡｂｅｍａＴＶ」の討論番組で、同性愛について「同性婚や夫婦別姓といった多様性を認めないわけではないんですけど、それを別に法律化する必要はないと思っているんですね。趣味みたいなもので。男の人と女の人が結婚をして子を授かって、家族という形態が出来て。大昔から皆さん同じようなことをして、国を衰退させないように、国が滅びないようにしてきたわけですよね」と主張した。「趣味みたいなもの」という表現が批判を招き、八月二日になって「ＬＧＢＴの方々を差別するつもりはなく、多様性を認めていないわけでもない」と釈明した。

一方、マスコミは批判的な立場から報じる姿勢を示し、新聞では朝日、毎日が七月二四日朝刊に続き、二五日朝刊では両紙が社説で取り上げ、「ＬＧＢＴ　自民の認識が問われる」「杉田水脈議員の差別思考　国民の代表と呼べない」——などとそれぞれがそろって批判。七月二七日には自民党本部に五〇〇〇人が抗議に集まったり、ロバート・キャンベル東京大学名誉教授が一七年に日本人の男性パートナーと米国で結婚したことをブログで明らかにするなど、大きな社会問題に発展した。

自民党内でも危機感がようやく広がり始めたのは当時、自民党総裁選（九月七日告示・二〇日投開票）への出馬が取りざたされていた石破茂元幹事長が杉田氏の批判を口にしてからのようだ。八月一日になって、「ＬＧＢＴに関するわが党の政策について」と題した見解をホームページに掲載した。

「今回の杉田水脈議員の寄稿文に関しては、個人的な意見とは言え、問題への理解不足と関係者への配慮を欠いた表現があることも事実であり、本人には今後、十分に注意するよう指導したところです」

杉田氏も「真摯に受け止め、今後研鑽につとめて参りたい」というコメントを出した。自民党の「性的指向・性自認に関する特命委員会」の古屋圭司委員長から指導を受けたという。自民党は、これだけのことを国民に示すのに『新潮45』の発売から二週間もかかっていた。

安倍首相は自民党総裁選のさなかにあった九月一七日、ＴＢＳの報道番組「ＮＥＷＳ23」に出演し、杉田氏の論考を問われて次のように答えた。

〈私の夫婦も残念ながら子宝に恵まれていない。生産性がないというと、私も妻も大変つらい思いになる〉

〈『あなた、お前、もう辞めろ』と言うのではなく、まだ若いですから、注意をしながら、仕事をしてもらいたい〉

杉田氏の五一歳という年齢を「まだ若い」というのだろうか。安倍首相が最初に総理大臣に就いたときは五二歳になったばかりだった。むしろいい大人が……というのが世間の感覚ではないだろうか。

杉田氏は、『新潮45』にはこれらの二本のほかにも次の六本を寄稿している。寄稿したからといって、これだけ頻繁に載っているのは、若杉良作編集長の積極的な起用方針なしには雑誌ではあり得ない。雑誌は編集長のものだという考えが出版界には根強いからだ。

▽「多様な家族」より普通の家族（二〇一七年三月号）

▽「セクハラ」で社会はおかしくなった（二〇一七年四月号）

▽慰安婦問題の新局面「国連」のデタラメ勧告を真に受けるな（二〇一七年七月号）
▽シングルマザーをウリにするな（二〇一七年九月号）
▽いまも続く「慰安婦」誤報の弊害（二〇一八年四月号）
▽「道徳」を教育して何が悪い？（二〇一八年六月号）
タイトルを一覧しただけでも、戦前の社会や家族の価値観の持ち主であることがわかる。「『セクハラ』で社会はおかしくなった」はもちろん、会社内などの場で性的な嫌がらせがあることを批判しているのではない。

〈私は以前より、「『セクハラ』が日本に入ってきてから社会がおかしくなった」と、講演会などで話をしています〉
〈セクハラという不透明な概念が誕生してきたことにより、社会がぎくしゃくし始めました〉

――とセクハラという概念を断罪した上で「セクハラがどれだけ日本の会社社会において国益を損なってきたかと思うとぞっとします」と書いている。具体的には、「『その服、新しく買ったの？ いいね』『その髪型、似合っているね』というような褒め言葉さえ、言われた女性が不快に思えば『セクハラを受けた』と裁判を起こすことができます」と指摘し、①男性や上司は萎縮して女性に対して何も言えなくなり、職場の人間関係はぎすぎすしていく、②会社は対策のためセクハラの講習などに時間とお金を割く、③優秀な社員でも退社を余儀なくされる、④チームワークが悪いと効率が下がる――ことなどを事例として挙げている。

話は少し脇道にそれるが、杉田氏は『新潮45』への寄稿が問題になる前にも問題発言として報じられたことがある。それは英公共放送のBBCが元TBSワシントン支局長による性暴力被害を実名で訴えている伊藤詩織さんを取り上げた番組「Japan's Secret Shame（日本の秘められた恥）」（一八年六月二八日放送）の中での発言だ。

〈彼女の場合は明らかに女としての落ち度があった。男性の前でそれだけ飲んで記憶をなくした〉
〈社会に出て女性として働いていれば嫌な人からも声をかけられる。それを断るのもスキル〉

杉田氏はBBCのインタビューにそう答えたらしい（「毎日新聞」一八年七月六日朝刊）。

むしろ、こういう言説を臆面もなく叫ぶ女性国会議員が首相の庇護の元にいることにぞっとする思いだ。安倍政権は「すべての女性が輝く社会」を掲げていたのではなかったのか。それとも安倍首相が輝いてほしい女性像が杉田氏ということなのだろうか。

杉田氏の寄稿先はもちろん、『新潮45』ばかりではない。「杉田水脈」をキーワードに国会図書館の雑誌検索で見つかった中から、過去約一年間に掲載された主な雑誌掲載の記事のタイトルを見てみたい。

▽南京大虐殺も慰安婦もみんなフェイクニュースだ（『W・i L L』二〇一七年一〇月号）
▽中国よ、太平洋に出てくるな！　よくぞ言ったり河野太郎外相（『W・i L L』二〇一八年一月号）
▽全公開！「歴史の真実」を歪める脅迫者の手口（同四月号）

▽こんなにいる潜伏工作員（スリーパーセル）！（同五月号）
▽血税科研費の蜜を吸う反日研究者を許すな（同六月号）
▽シン・東京裁判 真相はこうだ！　大阪公演　誰が日本を悪者にしたのか（『正論』二〇一七年一一月号）
▽鼎談 世界の記憶、韓国「慰安婦の日」……「赤い国連」で、いかに戦うか（『正論』二〇一八年二月号）
▽対談〝偏向〟研究で炎上中　科研費はアンタッチャブルでいいのか（同年九月号）
▽慰安婦の記憶遺産申請も中国が謀る「国連反日化工作」の実態　世界中に日本を蔑める風説を流布する策動があることを日本人は知らない（『ＴＨＥＭＩＳ』二〇一六年八月号）
▽歴史戦争の戦い方を変えよ　反日工作に対抗しうる保守派のＮＧＯを増やすべき（『Ｖｏｉｃｅ』二〇一七年一一月号）

右派系雑誌にとってみれば相当な売れっ子政治家であるのがよく分かる。『ＷｉＬＬ』の編集長だった花田紀凱氏が編集長になって一六年に創刊した『Ｈａｎａｄａ』での寄稿がなかったのは意外だった（ただし、一〇月号で八幡和郎氏による「杉田水脈は悪くない！」を掲載している）。先にも触れたが、花田氏も文藝春秋が発行していた雑誌『マルコポーロ』の編集長だったときに一九九五年二月号に掲載した「戦後世界史最大のタブー。ナチ『ガス室』はなかった」という記事が大きな非難を浴びた。花田氏は編集長を解任、同誌は廃刊となった。

雑誌だけではない。新聞では産経が日本維新の会時代から頻繁に杉田氏を取り上げてきている。産経が二〇一四年四月から始めた「歴史戦」キャンペーン報道の主要なテーマ――「慰安婦」「南京事件」「徴用工」――が杉田氏の活動とちょうど重なっていたことが背景にあったようだ。例えば、杉田氏は慰安婦募集の強制性を認めた「河野洋平官房長官談話」（一九九三年）が「反日の格好の情報発信源になっている」として衆院予算委員会で河野氏の参考人招致を要求したり（一四年二月）、徴用工に関する研究に科学研究費助成事業（科研費）が支給されたことを国会で質問したり（一八年二月）すると産経は記事にしている。

産経デジタルでは常設のコラム「杉田水脈のなでしこレポート」というコーナーを持っていた。落選中の一六年四月から不定期で始まり、一三回分をいまも読むことができる（一八年一〇月現在）。また、産経が事務局を務める「正論」懇話会にも杉田氏は講師としてしばしば招かれ、講演している。

杉田氏は慰安婦問題にはとりわけ熱心だ。もちろん被害救済という立場からではない。日本の植民地だった朝鮮半島出身の女性を強制連行した記録はないということを根拠に、慰安婦問題で国際社会が日本に謝罪を求めたり、慰安婦像が各地に設置されることが我慢ならないようだ。韓国・済州島で慰安婦にするために女性を強制連行した、と明かした故・吉田清治氏の証言記事を朝日が取り消した（一四年八月五日朝刊）ことを受けて、国連人権理事会で、慰安婦問題での日本政府の法的責任に言及した「クマラスワミ報告」の撤回を求める派遣団に加わったり、朝日を相手にした損害賠償請求訴訟の原告にも名を連ねている。

杉田氏は、ユネスコ（国連教育科学文化機関）の世界記憶遺産への「日本軍『慰安婦』の声」の登録に取り組むアクティブ・ミュージアム「女たちの戦争と平和資料館」（ｗａｍ）を激しく批判している。こうした言説が引き金となったのかは分からないが、Ｗａｍには爆破を予告する郵便物が二度も届いた（第４章「元『慰安婦』に寄り添う」参照）。

こう考えると、杉田水脈という人物の言説は右派のメディアが支え、そして育てたと言えなくもない。

一七年、ヘイト本ブームが再燃

二〇一七年は、中国や韓国・北朝鮮に対して憎悪を煽る「ヘイト本」出版の第二次ブームと言われた。この年、タレントのケント・ギルバート氏が出版した『儒教に支配された中国人と韓国人の悲劇』（講談社）が四〇万部を越える大ヒットを記録したことが出版界に刺激を与えたらしい。

「ヘイト本は、固定の読者がいて一定数を購入してくれるので出版社にとっては扱いやすいテーマです。一つヒットが出ると、後追いする類書が相次いで出版されるので、書店の棚での存在感が大きくなるのです」

そう指摘するのは、大月書店の編集者である岩下結氏だ。同氏が編集を担当した『フェイクと憎悪　歪むメディアと民主主義』に寄稿した縁で知り合った。

岩下氏は一三年に火がついたヘイト本ブームを憂い、出版関係者で「ヘイトスピーチと排外主義に加担しない出版関係者の会」（BLAR）を結成した。一四年に「NOヘイト!出版の製造者責任を考える」（ころから）を出版している。ヘイト本が抱える問題点について岩下氏は、

「あるヘイト本を出典に別のヘイト本が作られます。だからどこまでさかのぼっても事実かどうかの検証ができません。ヘイト本は全くのデマを拡散し続けているのです」と指摘する。

若杉編集長が、出版界のこうしたブームに便乗しようとしたのかは分からないが、『新潮45』一八年一月号以降の特集記事をチェックしてみた。

▽開戦前夜の「戦争論」（一八年一月号）

▽「反安倍」病につける薬（一八年二月号）
▽「非常識国家」韓国（一八年三月号）
▽「朝日新聞」という病（一八年四月号）
▽北朝鮮「和平」のまやかし（一八年五月号）
▽朝日の論調ばかりが正義じゃない（一八年六月号）
▽こんな野党は邪魔なだけ（一八年七月号）
▽日本を不幸にする「朝日新聞」（一八年八月号）
▽「茶の間の正義」を疑え（一八年九月号）
▽「野党」百害（一八年一〇月）

朝日新聞と野党は日本には不要、だと言わんばかりの特集の連発で、『ＷｉＬＬ』や『Ｈａｎａｄａ』と間違えそうになる。

ＢＬＡＲは七月三一日、「『新潮45』における杉田水脈氏のＬＧＢＴ差別に対する抗議声明」を発表した。声明は「日本を代表する出版社であり、高い権威を有する新潮社が、このような差別煽動に加担したことは出版業界にとっても大きな汚点。早急に以下の対応をとり、社会的な説明責任を果たすべき」として、①執筆依頼・掲載判断にあたっての経緯を明らかにし、編集・校閲の実務上、また企業倫理およびコンプライアンス上の問題の有無を検証し公表する、②性的マイノリティ当事者に与えた精神的苦痛を自覚し、誌上および自社ウェブサイト等で経緯を説明の上、謝罪する、③再発防止策として、社内でＬＧＢＴ理解や差別問題に関する研修を徹底し、出版活動における人権侵害を防ぐための社員教育を継続して行う

――ことを若杉編集長と佐藤社長の二人に求めた。声明が新潮社も加盟する日本雑誌協会の雑誌編集倫理綱領に触れている、との指摘は興味深い。綱領は「人種・民族・宗教等に関する偏見や、門地・出自・性・職業・疾患等に関する差別を、温存・助長するような表現はあってはならない」と定めている。八月二〇日には中小の八三社の出版社代表が杉田氏の発言に抗議する共同声明を発表している。声明は発言を「『生産性』という言葉で人間を選別する忌まわしき『優生思想』であり、さまざまな差別の根源的思想であり、その犯罪性は『優生思想』がもたらした各国の歴史を見ても明らかです」と批判しているが、この共同声明の批判内容は、杉田氏の寄稿を掲載した新潮社にもそのまま当てはまる。

心に背く出版は殺されてもせぬ事

若杉編集長の頭の片隅に少しでもこの声明の内容が残っていたら、最終号となる一〇月号で特別企画としてわざわざ、七本もの反論を集めた「そんなにおかしいか『杉田水脈』論文」という特集を組んだだろうか。この特集で最も批判を受けた文芸評論家だという小川栄太郎氏の「政治は『生きづらさ』という主観を救えない」という寄稿を掲載しただろうか。

〈満員電車に乗った時に女の匂いを嗅いだら手が自動的に動いてしまう、そういう痴漢症候群の男の困苦こそ極めて根深かろう。再犯を重ねるのはそれが制御不可能な脳由来の症状だという事を意味する。彼らの触る権利を社会は保障すべきでないのか。触られる女のショックを思えというのか〉

この寄稿は多くの批判を招いた。佐藤社長が後述する声明で触れた「あまりに常識を逸脱した偏見と認識不足に満ちた表現が見受けられた」という論考の一つではないかといわれる。小川氏は『WiLL』一九年一月号への寄稿「出版社の自殺、言論の自滅　私を差別主義者扱いする論壇諸氏へ」の中で反論している。「言葉は現実と思考のやり取りだ。私は『新潮45』の文章を書く時、杉田水脈氏への異常な同調圧力を大きな怒りを以て眺めており、その卑劣な集団暴行を言葉の力で撃ち返すために措辞に挑発を籠めたのだ。平穏無事な状況で、あんな言葉遣いをするはずがないだろう」。文芸評論家としてどれほど練り抜いて選んだ言葉かわからないが、小川氏の言葉を世の中の人は受け入れなかったのが現実だ。言葉は届かなかったのである。

ところで、小川氏の著書をめぐって話題になっている本は、文芸評論よりも政治的な内容の本だ。『約束の日　安倍晋三試論』（幻冬舎）を一二年、『徹底検証「森友・加計事件」――朝日新聞による戦後最大級の報道犯罪』（飛鳥新社）を一七年に出版した。『約束の日』は、安倍首相の政治資金管理団体「晋和会」が約七〇〇〇万円分、『森友・加計事件』は、自民党が約五〇〇〇部買い取ったと報じられている。同書については、朝日新聞社が小川氏と飛鳥新社（土井尚道社長）を相手に、名誉を毀損したなどとして五〇〇〇万円の損害賠償と謝罪広告の掲載を求めて一七年一二月、東京地裁に提訴している。

新潮社が一八年九月二五日、『新潮45』の休刊を発表した。

〈弊社は出版に携わるものとして、言論の自由、表現の自由、意見の多様性、編集権の独立の重要性などを十分に認識し、尊重してまいりました。

しかし、今回の「新潮45」の特別企画「そんなにおかしいか『杉田水脈』論文」のある部分に関しては、それらを鑑みても、あまりに常識を逸脱した偏見と認識不足に満ちた表現が見受けられました。

差別やマイノリティの問題は文学でも大きなテーマです。文芸出版社である新潮社一二三年の歴史はそれらとともに育まれてきたといっても過言ではありません。

弊社は今後とも、差別的な表現には十分に配慮する所存です〉＝九月二一日の社長声明（全文）。

〈弊社発行の「新潮45」は一九八五年の創刊以来、手記、日記、伝記などのノンフィクションや多様なオピニオンを掲載する総合月刊誌として、言論活動を続けてまいりました。

しかしここ数年、部数低迷に直面し、試行錯誤の過程において編集上の無理が生じ、企画の厳密な吟味や十分な原稿チェックがおろそかになっていたことは否めません。その結果、「あまりに常識を逸脱した偏見と認識不足に満ちた表現」（九月二一日の社長声明）を掲載してしまいました。このような事態を招いたことについてお詫び致します。

会社として十分な編集体制を整備しないまま「新潮45」の刊行を続けてきたことに対して、深い反省の思いを込めて、このたび休刊を決断しました。

これまでご支援・ご協力いただいた読者や関係者の方々には感謝の気持ちと、申し訳ないという思いしかありません。

今後は社内の編集体制をいま一度見直し、信頼に値する出版活動をしていく所存です〉＝九月二五日の「新潮社」名の休刊告知（全文）。

社外では出版社にとり大事な存在である書店からの新潮社の書籍の撤去が報じられたり、社内では文芸担当の編集者が批判の声をあげたりするなかで、赤字体質の雑誌を廃刊にする絶好の機会ではあったのかもしれない。

新潮社は製造者としての責任をどう考えているのか――。

前衆議院議員の肩書で寄稿したときと同じ内容でも現職の衆議院議員となれば、責任の重さが異なるのは当然だ。いわんや首相出身派閥に属する自民党議員だ。杉田氏はそこを自覚していなかったのではないか。これは新潮社も同じだ。『ＷｉＬＬ』や『Ｈａｎａｄａ』では世間が大目に見て見過ごされても、新潮社では許されない表現はある。日本雑誌協会は三カ月ごとの雑誌の平均印刷部数を公表している。それによると、『新潮45』は、一〇年前には、四万二八三三部（二〇〇八年四月〜六月）だったが、若杉氏が編集長に就任した二〇一六年九月号のころだと、一万五六七部（一六年七月〜九月）に減少。杉田氏の論考が掲載される直前は一万六八〇〇部（一八年四月〜六月）だった。この数字を右派路線をとったことでこの程度の下落で済んだとみるべきか、どうかの分析は難しい。いずれにしろ発行部数は上向かなかった。多くの人たちが掲載までの経緯を知りたがっている。個人的には若杉編集長が誌面作りを右派路線に舵を切った判断も含めてだ。

新潮社出版部文芸の公式ツイッターアカウントは、一〇月号が九月一八日に発売されると否定的なツイートをリツイートするなどして注目された。新潮社の創業者である故佐藤義亮氏が残した言葉も一九日午前にツイートされている。新潮社設立時の社則三カ条の一つらしい。義亮氏は、現社長である隆信氏の曽祖父にあたる。それを最後に記しておく。

心に背く出版は、殺されてもせぬ事。

第8章

匿名発表を考える

相模原障害者殺傷事件から

津久井やまゆり園の正門に掲示された張り紙には記者の立ち入りや遠慮を求める文言があった＝2016年8月28日、神奈川県相模原市緑区で

■追悼式、一九人の名前なく

背筋の凍るような事件だった。

ニュースに接した誰もがそう感じ、震え上がったのではないだろうか。二〇一六年七月二六日未明。神奈川県相模原市緑区の山あいにある障害者支援施設「神奈川県立津久井やまゆり園」（運営・社会福祉法人かながわ共同会）で起きた殺傷事件は、重度の障害者一九人が犠牲となった、犯罪史に残る大きな事件だった。

〈障害者は不幸を作ることしかできません〉

〈障害者を殺すことは不幸を最大まで抑えることができる〉

障害者施設職員だったと思えない当時二六歳だった、元職員の植松聖被告＝殺人罪などで起訴＝の歪んだ人間観。理不尽な理由で植松被告の刃によって命を落とした一九人の人生に思いを寄せ、無念の声に耳を傾けようとしても、二年半がたった今もなおおそれは難しい。世の中の多くの人たちが、誰が犠牲になったのかを知らないのは、神奈川県や県警が一九人の名前を伏せたままだからだ。一八年七月二三日に相模原市南区で開かれた追悼式では、事件から一年経った一七年と同様に一九人全員の氏名は伏せられたまま営まれ、紹介された一九人の生前のエピソードもまた一年前と全く同じだったという。黒岩祐治知事は追

事件から約１カ月がたった津久井やまゆり園。警察車両も出入りし、捜査は続いているようだった＝2016年8月28日、相模原市緑区で

悼式後に記者会見し、匿名の理由について「氏名公表は機が熟していない」と述べたという。「知的障害者支援施設であり、遺族のプライバシー保護の必要性が極めて高い。遺族から報道対応する際、特段の配慮をしてほしいとの強い要望があった」

やまゆり園で事件が発生した後に県警が事件発表する際に犠牲者を匿名とした理由である。このため、犠牲者は「一九人」とひとくくりに報じられ、その素顔はなかなか浮かんでこなかった。

報道各社は県や県警の非公表方針の下で、独自に一九人の名前にたどり着き、遺族に実名での報道に理解を得る努力を重ねてはいるが、遺族の了解なしに実名報道で報じることは差し控えているのが現状である。その一方で、匿名であっても遺族が打ち明けてくれた生前の被害者の人柄を報じることで、少しずつだが、その表情を世の中の人たちも知ることができるようになってきた（第6章「犯罪被害者取材を深めるには」の項参照）。不幸な事件の犠牲となった障害者の人生を知り、遺族の悲しみを共有することができないような匿名社会であって果たして良いのだろうか。ジャーナリズムは「匿名発表」とどのように向き合うべきなのか。

本章は、そうした観点からの朝日新聞社が発行する月刊誌『Ｊｏｕｒｎａｌｉｓｍ二〇一六年一〇月号』への寄稿である。事件直後の執筆のためその後の経過を踏まえ一部の表記を修正した。

■近所の住民「安否分からぬ」

二〇一六年八月の最後の日曜日（二八日）。台風一〇号の進路を気にしながら、やまゆり園のある山あいの千木良地区を訪ねた。「事件から一カ月」にあたる二六日には、恐らく多くの人がやまゆり園の正門わきに設けられた献花台に花を手向け、報道関係者も大勢集まっていただろうが、この日は事件前と変わりないと思えるほど、周辺は静けさを取り戻していた。入所者の家族を乗せたタクシーが時折、園内に滑り込むほかは、正門に近い管理棟の玄関わきに止めた県警の輸送車両の前で警察官が一人で警備する程度。山の稜線の向こうからは、レジャー施設「プレジャーフォレスト」（神奈川県相模原市緑区）の観覧車が頭をのぞかせ、時折風に乗った案内放送が遠くからでもよく聞こえてくる。

「この辺でも事件が話題に上ることはめっきり少なくなりました」

やまゆり園前の県道五一五号が散歩のコースだという近所に住む中年男性は、献花台の近くにいる私の前で足を止めるとそう話しかけてきた。職員と入所者らが一緒になって園近くの畑で農作業をしている姿をよく見かけたという。「その人たちは無事だったのですか」と尋ねると、「分かりません」と言い残して再び歩き出した。

彼のこの言葉から思い出したことがある。ある新聞の関係者が明かしたのだが、読者から「実名が公表されていないということだが、本当に一九人も犠牲者が出たのか」という問い合わせがあったという。報道機関は一九人の死亡を独自に裏付けして報じたわけではない。あくまで神奈川県警が「一九人が死亡した」と発表したから、報道したのである。これは、職員二人を含む二六人の重軽傷者についても同じだ。もし実名であれば「そんな人物はいない」とすぐに発覚してしまうだろう。先の男性もたとえ名前が分からなくてももし犠牲者の顔写真が新聞に掲載されていれば、見覚えのある顔がないかどうか目を皿のようにして探しただろう。

やまゆり園が開設されたのは、一九六四年。長期の入所者は一六年四月現在で、一九歳から七五歳までの約一五〇人。コンサートや盆踊りなどを通じて地域住民との交流を深めてきた。しかし、そうした地域の住民であっても顔を見知った人たちの安否さえ分からないというわけだ。

なぜ、こんなことになってしまっているのだろうか。

朝日新聞横浜総局によると、神奈川県警が一九人の犠牲者に関する情報を発表したのは、七月二六日の夜だった。

ところが、県警が明らかにしたのは、一九人の性別（男九人・女一〇人）と年齢（一九歳〜七〇歳）のみ。具体的には、「A子さん一九歳」「B子さん四〇歳」「S男さん四三歳」——などとアルファベットと年齢の表記だった。

神奈川県警ではこれまで県警の記者クラブに対する広報文で、事件事故に遭った被害者については、実名を示したうえで被害者側がそれを望まない場合には「強い匿名希望あり」と付記し、実名で記載するかどうかの判断を報道機関側に任せていた。筆者が調べたところでは、こうした慣行は少なくとも三〇年は続いているようだった。個人的には、この方法は、被害者のプライバシーと表現・報道の自由という憲法が保障する二つの人権のバランスを図る仕組みとして評価していた。

それを踏まえれば、神奈川県警の匿名発表がいかに異例なものであるかが分かるだろう。

当然、県警の匿名発表に対して報道機関は強く反発した。

例えば、産経新聞はいち早く七月二九日朝刊で社説（主張）を掲載。「報道側が求めているのは実名報道ではなく、実名の開示である。実名は取材の起点として不可欠なもので、実名を報道するか否かは取材の結果で決める。まず取材がなければ、真実へは一歩も近づくことができない」と訴えた。

毎日新聞は八月六日朝刊の社説で「一九人の命が奪われたのに、いったい誰が犠牲になったのか、どんな人生を被害者は歩んできたのか、ほとんどの国民は知らない」とし、「『匿名』が壁になり、被害の痛ましさをメディアが十分に伝えられないことに、もどかしさを感じている人は多いはずだ」と指摘した。

「やまゆり園」での事件ではないが、一六年七月に起きたバングラデシュのテロ事件でも政府は当初、犠牲となった日本人の氏名や年齢を非公表とした。朝日新聞は七月九日朝刊で事件をめぐる犠牲者公表の在り方についての特集記事「犠牲者名公表あるべき形は」を掲載した。その中で、中村史郎・朝日新聞ゼネラルエディターは「人格の象徴である氏名や人となりなどを知ることで、志半ばで理不尽なテロによって命を落とした七人の無念さを社会が共有し、再発防止策、安全対策を探ることができる」とコメントしている。

捜査機関に対して報道機関が被害者名の発表を求める理由は、おおむね産経、毎日、朝日のこれらの指摘に尽きると考えられる。

朝日によれば、県警は記者クラブの求めに対して、匿名発表から一週間もたった八月三日、冒頭に紹介した理由に加え、次のように説明したという。

×××

記者 特段の配慮とは匿名にしてほしいということか。

県警 事件当日の午後、被害者支援本部の担当官が園内の遺族控室で、一九人の遺族のうち一八人に確認したところ、いずれも「実名の公表は希望しない」とのことだった。居合わせなかった一人についても弁護士から匿名希望を確認している。

記者 遺族を取り巻く環境も変わり、実名を公表して報道を通じて何かを伝えたいという方も出てくる可能性もある。

県警 私個人の意見になるが、もしそういうご意向があればお伝えする。ただ、随時に意向を確認するつもりはない。

記者 遺族の気持ちが変わる可能性を考慮して継続的に接触し、報道（機関側）につないでもらえるのか。

県警 たられればという形の質問にはお答えできない。

記者 知的障害者支援施設だからプライバシー保護の必要性が高いということの論理を詳細に。

県警　親族にも秘密にしておきたいというような意向があったからとか具体的なことは言えない。
記者　入所者が知的障害者と判断できるから、という理由からか。
県警　一般論で言えば、知られたくないということはある。

×　×　×

このようなやりとりが記者クラブと県警との間であったようだが、もう一つ質問を落としていたように感じた。それは、県警や施設側が遺族にどのように説明したのか。理不尽な被害に遭ったことを実名で報じられる意義をきちんと説明したのかという点だ。

各都道府県警が犯罪の被害者の氏名を実名で発表するか、匿名で発表するかを判断できる法制上の根拠は二〇〇五年一二月に閣議決定された「犯罪被害者等基本計画」に盛り込まれている。〇四年一二月に成立し、〇五年四月に施行された「犯罪被害者等基本法」を受けたものだ。具体的には、

「警察による被害者の実名発表、匿名発表については、犯罪被害者等の匿名発表を望む意見と、マスコミによる報道の自由、国民の知る権利を理由とする実名発表に対する要望を踏まえ、プライバシーの保護、発表することの公益性等の事情を総合的に勘案しつつ、個別具体的な案件ごとに適切な発表内容となるよう配慮していく」

――こととされた。

計画は五年を期間とし一六年四月に第三次計画がスタートしているが、この項目は見直されることなく踏襲されている。神奈川県くらし安全交通課が一五年一一月に作成した「神奈川県の犯罪被害者等支援施策の実施状況に係る意見及び県の考え方について」の中でも、神奈川県警の発表の在り方について、政府

の基本計画に盛り込まれたこの項目と全く同じ考え方が示されている。

基本計画をまとめた政府の犯罪被害者等基本計画検討会（座長・宮澤浩一慶応大学名誉教授）は「匿名発表とする場合はその都度、マスコミに理由を説明し、議論に応じる」と注文を付けた。実名発表を求める日本新聞協会は当時、この項目の削除を政府に求めている。

繰り返しになるが、報道側は、神奈川県警が被害者の実名を発表することの公益性をどのように考えているのかをただし、その点について遺族側にどのように説明したのかは押さえておく必要があったように思う。「やまゆり園」という障害者施設は、県警の説明にあったような「一般論で言えば、知られたくないということはある」ような施設なのであろうか。これは、評価が分かれる点であり、県警側の評価に予断（偏見）はなかったのだろうか。東京（中日）新聞は八月二七日社説で「その価値判断そのものに、障害者への偏見や差別意識が潜んでいないか。犯罪史に残る事件の風化に手を貸すようなものだ。そんな批判が絶えないのもうなずける」と指摘した。検討会は同時に「この施策は警察で現に行っていることで、新たな権限を警察に付与するものではない」と明言している。

特にこの事件では、匿名発表後まもなく、記者の取材に応じる遺族も現れている（例えば、朝日八月二日朝刊では匿名で掲載）。さらに命を取り留めた入所者の複数の家族が匿名ではなく実名での報道にも応じ、写真まで提供しているのである。こうした被害者家族・遺族の変化を見ると、県警が報道機関側の考えも説明し、「適切な発表内容となる配慮」がされたのかは疑わしい。「議論に応じ」てほしい論点だった。

報道側の考えは、日本新聞協会が〇五年一〇月二一日、内閣府と犯罪被害者等施策推進会議、犯罪被害者等基本計画検討会の三者に提出した意見書の中で示されている。

「発表された被害者の実名をそのまま報道するかどうか、これはまたまったく別の問題である。被害者の安全にかかわる場合はもちろん、プライバシー侵害や何らかの二次被害のおそれがある場合は当然、匿名で報道する。被害者から要望があれば誠実に話し合い、警察が被害者の声を仲介する場合は警察と真摯に協議する」

こうした報道機関の立場が一〇年以上たっても読者・視聴者はもちろん、犯罪被害者や警察に理解されていないように感じるが、この間、報道機関側にも十分な説明を怠っていたということはないだろうか。

■報道機関はどう対応したのか

それでは、県警と直接向き合う県警記者クラブはこの事件で、どのような対応をしたのだろうか。

朝日によると、事件発生から二週間ほどたった八月八日に捜査本部に対して口頭による申し入れを行った。その要点は、▽基本的に発表は実名が原則で、報道機関の責任で実名か匿名かを判断するという立場は改めて認識してほしい、▽今回の匿名発表を前例にしないということを確認させてほしい——の二点だった。これに対して、県警刑事部から了解したという趣旨の考えが示されたという。

捜査機関がかたくなに実名を拒む場合、「前例としない」と取材現場で約束させたことは意味があると思う。ただ、将来再び起こった際に言い逃れをされることのないように、文書で行うべきだった。それともう一点、要望したいことがある。事件取材などで特定の現場に報道関係者が集中する集団的過熱取材について、報道機関の責任者でつくる対応組織が全国各地にある。こういう時は、すばやく県警に実名発表を求めるとともに過熱取材の防止策を含めて被害者に向けたメッセージを発表すべきであった。

そもそも実名発表というと、そのまま報じられるというイメージが強いが、前述のように実名発表でも匿名報道ということがあることなど普通は気付かないだろう。現にＮＨＫや地元紙・神奈川新聞も一九人の名前を把握しているが、いまも匿名報道を維持している（一八年一一月現在）。

先に挙げた朝日の記事（八月二日朝刊）は、犠牲になった女性（六〇歳）の父親（八六歳）と弟（五七歳）に独自に取材したものだが、匿名記事であっても遺族の気持ちが十分伝わってきた。掲載日の翌日にあった葬儀の会場には記事が載った朝刊が並べられていたという。遺族も新聞記事を生きた証しと受け止めたのだろう。

このエピソードは、朝日新聞九月一日朝刊の神奈川版に掲載された連載「やまゆり園事件を取材して」で知った。桜井健至、前田朱莉亜、天野彩――の三人の記者がこの一カ月余、どんな思いで取材をしてきたかを綴った。報道機関に対する誤解を解くことを含めて読者に事件報道の役割を知ってもらえるような連載だった。全国版でなかったのは、とても残念だった。

この事件では報道各社とも匿名発表であるがゆえにそもそも遺族にたどり着くのに非常に苦労したようだ。毎日は八月二六日朝刊一面トップ記事で、犠牲となった一九人のうち約一〇人の遺族にたどりついたが、多くは取材に応じてもらえなかったことを明かしている。

報道機関が警察に実名発表を求める大きな理由はもう一つある。それは、しばしば警察は犯罪の被害者と報道機関の間に分け入って、「プライバシー保護」を理由に警察に不都合な情報の隠蔽を図ったり、匿名の影に隠れて虚偽の発表をしたりしてきた過去があるからだ。また、被害者と報道機関が警察によって分断されてしまうことの懸念もある。代表的なのは、桶川ストーカー事件（一九九九年）だ。埼玉県の女子大生が元交際相手らに殺害された事件は、家族が警察に告訴状を出したにもかかわらず、捜査が行われないどころか勝手に捜査義務のない被害届に改ざんされていたのだった。しかもこの間、警察は遺族が報道機関と接触しないよう言葉巧みに誘導していた。

分断の手段となりうる匿名発表や、不祥事隠しが特に目立ち始めたのは、先に示した犯罪被害者等基本法や、個人情報保護法が全面施行された二〇〇五年四月前後からだ。さらに報道を通じて社会で共有することが必要な情報の報道機関への提供が、法の趣旨を越えて過剰に滞る事態も起きた。「過剰反応」と呼ばれ、報道界はこうした現象が法の欠陥に起因するとして個人情報保護法の抜本的な見直しを求めてきた。ところが、実際には先に見たように国の犯罪被害者等基本計画には、犯罪の被害者を実名で発表するか、匿名で発表するかの判断は警察がすると、なおも明記されたままであるうえ、個人情報保護法をめぐってはさらに問題が広がる恐れが出てきた。

個人情報保護法は一五年九月、施行から一〇年を機に大改正が行われ、一七年五月三〇日に全面施行された。

改正での懸念の一つが、二〇〇三年五月の法制定時に見送られた「センシティブ情報」と呼ばれる通常よりも保護の必要性が高い個人情報をより厳格に取り扱う仕組みが新設されたことだ。改正法では「要配慮個人情報」と名付けられ、「本人の人種、信条、社会的身分、病歴、犯罪の経歴、犯罪により害を被った事実」については、「本人に対する不当な差別、偏見その他の不利益が生じないようにその取扱いに特に配慮を要する」ことが定められた。法律で、犯罪被害者が盛り込まれただけでなく、政令も改正され、この要配慮個人情報に「身体障害、知的障害、精神障害（発達障害を含む）その他の個人情報保護委員会規則で定める心身の機能障害があること」も加えられた。

相模原殺傷事件では、犠牲者は二重の「保護」を受けることになり、ますます社会から見えにくい存在になる可能性がある。

現行法でも個人情報を取得したり、第三者に提供する場合は本人の同意を原則としているが、人の生命・身体の保護などに必要な場合などについては例外もある。この例外に報道機関への提供は含まれていない。この同意が「壁」となり、報道機関への情報提供が遮られてしまっていた。一五年の改正では同意の原則に報道機関への提供を例外に加えず、「壁」を取り払わなかった。メディア規制の強化とも言える。改正前までは、五〇〇〇人を越える個人情報を取り扱っている事業者が規制対象だったが、改正後は人数は問われなくなり、規制対象となる事業者は一気に広がる。報道活動に計り知れないほどの影響を与えるに違いない。

個人情報保護法の制定過程や、犯罪被害者等基本計画の検討過程で、報道機関は報道・表現の自由への制約の恐れを問題提起した。ところが、第三次犯罪被害者等基本計画や改正個人情報保護法は、ほとんど報道されなかった。神奈川県警の突然の匿名発表に対し、慌てて報道への理解を読者・視聴者に求めたところで、どれほどの人が賛同してくれるだろうか。報道機関側に報道・取材の自由に対する制約に危機意識がないようでは読者・視聴者はなおさらである。

犯罪の被害者の報道について触れてきたが、加害者・容疑者報道についても触れておきたい。

日本では重大な刑事事件では一般市民が量刑を含めて参加する裁判員裁判が第一審では行われている。

二〇〇九年五月に導入された。裁判員制度導入にあたっては、専門家でない裁判員が報道によって被告に対する予断が形成されて、公正な裁判が実現できないのではないか、という議論が起きた。その過程では有罪・無罪を問わず偏見報道を法律で規制することも検討された。これに対して、報道界は反対し、法規制でなく自主規制で対応することになった経緯がある。

日本新聞協会は二〇〇八年一月、「裁判員制度開始にあたっての取材・報道指針」を発表した。指針では①捜査段階の供述の報道にあたっては、内容のすべてがそのまま真実であるとの印象を読者・視聴者に与えることがないよう記事の書き方に十分配慮する、②被疑者の対人関係やプロフィルは、当該事件の本質や背景を理解するうえで必要な範囲内で報じる。前科・前歴についてはこれまで同様慎重に扱う、③識者のコメントや分析は、被疑者が犯人であるとの印象を読者・視聴者に植えつけることがないよう十分に留意する――と記した。

日本民間放送連盟も▽事件報道にあたっては、被疑者・被告人の主張に耳を傾ける、▽一方的に社会的制裁を加えるような報道は避ける、▽事件の本質や背景を理解するうえで欠かせないと判断される情報を報じる際は、当事者の名誉・プライバシーを尊重する――など八項目の「考え方」を定めている。

植松被告も裁判員裁判に付されることになるだろう。今回の事件報道がこれらの指針と、どう整合性がついていると認識しているのかは考えてみたい論点だ。

一方、植松被告は精神障害によって他人に危害を加える恐れがあるとして強制入院の措置が取られ、大麻精神病と診断されていた。捜査段階と起訴（一七年二月）後の精神鑑定で「自己愛パーソナリティー障害」と診断されている。通常であれば、警察が実名を発表したとしても匿名報道が選択され得るケースでもある。報道各社は一斉に初報から実名での報道に踏み切っているが、説明した記事は見当たらなかった。この点は、どのような判断に基づくものなのかを知りたいところである。この指摘は、二〇一六年八月二〇日に明治大学で開かれた日本臨床心理学会のシンポジウムでも会場からの発言として出されていた。「（植松被告には）措置入院歴がありながら、警察は実名で発表し報道も実名を出している。（犠牲者の）匿名発表とともに考えていかなければならない」との問題提起である。

■社会を動かす遺族の言葉

一六年八月六日の「原爆の日」。東京都内で開かれた「津久井やまゆり園」で犠牲になった人たちを追悼する集会で、匿名発表・報道に関して遺族から寄せられた、次のようなメッセージが読み上げられた。

「私は親に弟の障害を隠すなと言われて育ってきましたが、亡くなった今は名前を絶対に公表しないでほしいと言われています。この国には優生思想的な風潮が根強くありますし、全ての命は存在するだけで価値があるという事が当たり前ではないので、とても公表する事はできません。加害者に似た思想を心の奥底に秘めた人や、このような事件の時だけ注目して心ない事を言ってくる人も少なからずいるでしょう。家族は弟と生きていくために強くなるしかありませんでした。その力の源をある日突然にあまりにも残虐な方法で奪われてしまったのですから、しばらくは立ち向かうことができません」

このような遺族の心情は、報道機関が犠牲になった遺族の言葉として読者・視聴者に伝えたかった内容だったに違いない。多くの報道機関が報じた。

先に取り上げた毎日新聞の八月二六日の記事では五〇代の兄の遺族の言葉を匿名で紹介していた。「近所に何も話していません。名前は伏せて下さい」。兄の葬儀は一部の身内らのみで営まれたという。匿名発表の背景にある、障害者に対する社会の偏見に身を縮める遺族の心情を伝えていた。遺族の言葉だからこそ、私たちは重く受け止めようとするのだと思うし、その言葉には社会を動かす力がある。

匿名発表問題をめぐっては障害者自身や家族、支援者らの思いはさまざまである。

先の日本臨床心理学会のシンポのテーマは「優生手術をめぐる追求の中から私たち自身の優生思想を問う」。

「不良な子孫の出生の防止」を目的に障害者に対する強制不妊手術の根拠を与えてきた旧優生保護法は、一九四八年から半世紀にわたって存続し、家族も制度を支えた側にいた。被害者は男女合わせて一万六五〇〇人に上るという。視覚障害のある藤原久美子さん（DPI女性障害者ネットワーク）は「匿名には違和感を持った。一九歳なら一九歳、六〇歳なら六〇歳の人生があったと思う。普通の人の事件であればどんな人生を送ってきたのかと詳しくワイドショーにも出てくるはずなのに、なぜ障害のある人は匿名にしないといけないのか。なんでそこに配慮するのだろう。それがこれまでの障害者福祉の実態を物語っているど思う。匿名にすることで（障害者は）いなかったことにされてしまう。受精卵の時に捨ててしまうという考えと同じで、つらく感じた」と述べていた。

知的障害者のグループホームで生活支援を行っている女性に意見を聞きに行った。彼女は知的障害者のポートレート写真を撮影し、写真集を出したこともある。彼女が強調していた点がある。それは障害者について社会が知ることの重要性だ。「例えば、電車内を歩き回り、出発時や到着時の車掌のセリフを真似している人を見かけることがある。見知らぬ人に話し掛けるなど、一般常識では考えられない行動に、びっくりして車両を移る人もいる。しかし、それがその人の障害の行動特性で誰かに危害を加えるようなことはないと理解すれば、ほほえましい光景に見えてくる。いまは、障害者も施設や家の中だけでなく外に出るようになっている。一般社会にも様々な人がいることと同じで、障害者にも様々な人がいることを分かってほしい」

神奈川県警による匿名発表問題がそれまでと大きく異なる点は、健常者と異なる扱いをしたことを障害者は差別と受け止めたことだ。県内の障害者一〇団体が事件直後に「大きな疑問を持たざるを得ない」と県に障害者に対する偏見を払拭するよう求めるなど積極的に声を上げている。

一方、匿名発表を求める遺族は差別にさらされる二次被害を懸念しているなど、隔たりは大きい。しかし、その遺族も時間の経過とともに気持ちも変わっていくに違いない。東京（中日）新聞一八年一一月二六日朝刊の第二社会面に、四一歳の息子が犠牲となった遺族が共同通信に寄せた手記がイラストとともに大きく掲載された。障害があることを隠さないで成長した息子を失った悲しみを綴った手記を公開する決心をつけさせたのは、植松被告の差別的主張に賛同する人がいることを聞き、ショックを受けたからだという。息子の死を否定したいため当初は意見（手記）の発表は考えていなかったという。

〈「障害者がつらい立場に置かれる」と、居ても立ってもいられなくなりました。意見を出すと言ってみたものの、自分には無理だと思いました。でもここで声を上げなければ後悔すると思いました。声を上げないと息子に申し訳ない、とも思いました。

障害者に対してもっと目を向けてほしい。今回の件をきっかけに、障害者についてもっと議論してほしい。そう思っています〉（手記の要旨から抜粋）

手記を読み、遺族の言葉が社会を変える大きな力があると改めて思った。

どのような発表方法が最も適切なのか。報道機関の責任者は、この事件報道の終わりとともに、匿名発表の議論も消えてしまうことのないようにしてほしい。そういう意味で日本記者クラブ（理事長・原田亮介日本経済新聞論説委員長）が一八年二月から始めた「被害者報道を考える」をテーマにした取り組みに注目したい。第一回の研究会では、「地下鉄サリン事件被害者の会」代表世話役の高橋シズヱさんと、長く犯罪の被害者の取材を続けている、朝日新聞記者の河原理子さん（第6章「犯罪被害者取材を深めるには」の項参照）がそれぞれの立場から語った。二人は、『〈犯罪被害者〉が報道を変える』（岩波書店）の著者という間柄でもある。日本記者クラブは、日本国内の主要な新聞・通信、放送の各社が一九六九年に結成した団体で加盟社は二〇〇社を越える。そうした議論が被害者や警察・行政機関、そして弁護士など多くの関係者にも広がることを期待したい。

第9章
悼む

吉永春子　むのたけじ　原寿雄

吉永春子さんを偲ぶ会では約100人が思い出を語り合っていた＝2017年3月7日、東京・赤坂で

日本の報道界にとって羅針盤のような存在だった三人のジャーナリストが相次いで鬼籍に入った。一人は、毎日新聞の第三者機関「開かれた新聞」委員会の委員で現代センター代表の吉永春子さんだ。吉永さんの元には当時、担当者として毎日新聞の報道についての意見を聞くために足繁く通った。そして、元朝日新聞記者のむのたけじと元共同通信編集主幹の原寿雄の両氏にはジャーナリズムのあり方について多くを学ばせていただいた。

二〇一四年一月一四日に東京・内幸町の日本記者クラブで、マスコミ九条の会と日本ジャーナリスト会議（ＪＣＪ）が開いた、一三年一二月に成立した特定秘密保護法の廃止や安倍政権の退陣を求める記者会見の会場にいた三人の姿をいまも覚えている。重要な秘密の漏洩に対して公務員らに厳罰を科す特定秘密保護法は、全国紙が賛成派の読売・産経と、反対派の朝日・毎日・東京とに大きく二つに割れる中で、与党の強行採決が相次ぎ、国会提出から成立までわずか四三日間のスピード審議だった。年を越してもなお報道界は緊張感に包まれていた。

「戦前の日本は絶対君主制だった。（現在の）主権者は国民。安倍（晋三）首相の言っていることは戦前と同じことで、決して許すわけにはいかない」。むの氏は会見席からそう力強く訴え、原氏も続いた。

一方、吉永さんは取材者席から発言した。「安倍さんという人はなかなか油断のならない人物だ。（第一次政権だった）二〇〇七年二月に『秘密保護は最も重要な課題だ。情報を漏らした者、また、情報の提供を受けた者に対しては厳しい処罰を定めた法律を作らなければならない』と言っていた。それを知っていたらもっと（特定秘密保護法に対して）警戒していたと思う」

あれから約五年。特定秘密保護法の廃止も、安倍政権の崩壊も見ないまま三人は他界されたが、三人の精神は多くの心あるジャーナリストたちに引き継がれていると思う。ご冥福をお祈りしたい。

■『七三一』、戦争責任を問い続け——吉永春子氏

旧日本軍による生物兵器開発を取り上げた「魔の731部隊」(一九七五年)など数々の社会派ドキュメンタリーを手がけた、元TBSディレクターで番組制作会社・現代センター代表の吉永春子さんが二〇一六年一一月四日、脳出血のため亡くなった。八五歳だった。一七年三月七日には、東京・赤坂で「偲ぶ会」が開かれ、吉永さんと親交のあった一〇〇人ほどの関係者が集まり、人柄や業績を振り返っていた。

「人たらし」の天才

「さようならも言わないあっというまの亡くなり方だった。たまった資料を整理したり、もっと書きたいことがあると言っていたらしい。無念もあると思うが、死ぬ一分一秒前まで現役だった吉永さんが羨ましい」

「偲ぶ会」の発起人の一人で、TBSの大川光行社長室顧問は、そう生前の様子を語っていた。吉永さんが亡くなる少し前に仕事の打ち合わせをしようと連絡をしていた。返事がないので不思議に感じていたところ、接したのが訃報だった。関係者によると、吉永さんは、自宅で倒れているのが見つかる前日まで、現代センターのスタッフに対して、元気に声をかけていたという。

大川さんは、吉永さんの遺骨を夫の遺骨とともに納める赤坂の寺院での式にも立ち会った。赤坂は、T

ＢＳ時代を含めて吉永さんが長く活動拠点を置いた場所である。「お春さんは、細い体で非常に活動的な一面があった。取材対象に肉薄し、夜討ち朝駆けは何のその。度胸と矜持を持っている人だった」

ＴＢＳの井上弘名誉会長の吉永さん評も人柄をよく表していた。「私は、この人はやっぱり人たらしの天才だとその時、思いました」。吉永さんが手がけた情報番組「朝のホットライン」（一九八一年～九〇年）の中に「ビッグマン」という、各界で活躍する大物の私生活に密着する企画があった。そこに登場した一人に当時、自民党で権勢を振るっていた渡辺美智雄氏がいた。吉永さんが親しかった政治家の一人で、井上氏は三人で食事したこともあったという。「吉永さんは怒らせもせず厳しく切り込むところと、ヨイショがうまい。言うことは言うし、聞くことは聞く。人たらしが実にうまい」

吉永さんは、いわゆる「ロス疑惑」の渦中にあった故・三浦和義夫妻を英国内でインタビューする。この時、三浦氏は日本を突然出国し、渡航先までマスコミが追いかける大きな騒動となっていた。吉永さんはそうした三浦さんをねぎらったりする。自分自身もマスコミの一員なのに。「内側に食い込んで素晴らしい番組をつくってきた」（井上氏）

吉永さんを評するのに「人たらし」という言葉を使った人は他にもいる。「ＪＮＮ報道特集」で取材を共にしたＴＢＳ出身の市村元氏だ。ＪＮＮグループの機関紙「Ｊ‐Ｓｐｉｒｉｔｓ」に寄せた追悼文の中で、千葉県知事が絡んだある事件取材でのエピソードを紹介している。千葉県内を飛び回り、取材拠点とした民宿に戻ってきたのが午前二時。その時に市村氏が見たのは、白熱電球が灯る玄関前に椅子の上で腕組みをして、記者を待つ吉永さんだった。「女性らしさを出して取材するのも、部下思いで頑張る姿も『人たらし』のお春さんの神髄なのだ」。そう綴った。

元ＮＨＫアナウンサーでキャスターの草野仁さんの思い出は、司会を務めた「朝のホットライン」。戦後四〇年にあたる一九八五年八月の終戦企画として、戦前に日本人が多く住んだ旧満州（現中国東北部）から、終戦記念日（一五日）を挟んで一二日の月曜日から五日間連続で生中継する企画だった。ところが、初日の放送の後に未曾有の航空機事故が起きた。日航機一二三便の墜落である。草野さんは「視聴率は振るわなかったが、よくぞ旧満州を伝えてくれたという便りを（視聴者から）いただいたことを覚えている。仕事は途中で諦めないで集中して貫いていくことが大切だと教えてくれた」と話した。

特定秘密保護法の廃止と安倍政権の退陣を求める記者会見で、会場から発言する吉永春子さん＝2014年1月14日、東京・内幸町の日本記者クラブで

　草野さんは、自分自身のプライベートは余り語らなかった吉永さんに夫について質問したことがあったという。

「二人きりになったときにご主人はどんなタイプの方ですか？　と聞いた。『それはね』というとポッと赤くなって『実は……』となったが、『草野さん、今日はやめておきましょう』とおっしゃって、ものすごく照れて、女性らしいところもあった」と明かした。

タレントの関口宏さんは、自分が司会を務めた「水曜ノンフィクション」（二〇〇八年～〇九年）に吉永さんが出演した縁があるという。「一回は嫌々出てもらったが、二回目は降りてしまった。続けて出ていただければ視聴者のアイドルになってくれたのではないかと今でも残念に思う」。そう思い出を語っていた。

最後まで「一本やりたい」

ＴＢＳ時代を含め、現代センター設立時からカメラマンを務めるなど、吉永さんの良き補佐役だった白石秀人氏の挨拶（要旨）を紹介したい。

現代センターのスタッフは四人いますが、そのうち二人は取材や番組づくりに縁がありませんでした。吉永さんは、その二人を毎日毎日取材に行かせて、撮ってきたものを見て何とか良い仕事ができるようにと意見を言っていました。会議は最初は週に一回だったのが、次第に二週間に三回、そのうち一週間に二回になってきた。「今、何をやったらいいのか」という話が中心でしたが、一週間に二回の会議で（企画を）どんどん出すのはなかなか難しいことでした。「あなたたち、何やっているの。しっかりしなさい」。会議ではいつも怒られたというと語弊がありますが、叱咤激励されていました。

会議の合間、一カ月に二、三回は呼ばれて二人きりで話をしました。

「いまの時代、社会はおかしくない？」とまず初っぱなに言われるのです。

「そうですね、おかしいですね」と答えると、「何かやろうじゃないの」と始まります。

ところが次に会った時には「テレビ番組を一本作れるかね。いや、難しいかもしれないね」となったりしていました。

そういうのを何回も繰り返していました。そのうちに気持ちが迫ってくるのか、「とにかく、何か一本でいいからやりたい」という話に、またなるのです。

そして、それが詰まると今度は「私の予感は当たる。いまに何かが起きる。何か起こるから何かをやろうじゃないの」。何かなくても取材に行けば何かが起こるし、実際に現場では何かが起きていて、それは吉永さんの取材のエネルギーみたいなものでした。そういうふうに吉永さんは、言っていました。最後まで予感を感じながら一本をやりたいという気持ちがものすごく強かったと思います。いまこういう時代になってみると、確かに何かが起こるような気がします。「これからでしょう、吉永さん！」という心境でずっといるんです。これからも遺志を引き継いでいきたいと思います。

「お春さん」と親しまれ

「いま、何やっているの？　面白そうじゃない。それやりなさいよ」。数カ月に一度、思い出したかのように電話が鳴り、あの早口でまくしたてられながら、慌ただしく近況を報告する。長くてもせいぜい五分。亡くなる一カ月ほど前は、原爆の日の八月六日にキューバを訪ねて、市民による被爆者追悼式を取材したことを話した。広島出身だからなのか。次々に質問をぶつけられたが、まさか最後の会話になるとは思いもしなかった。

「お春さん」。近しい人は皆、そう呼んでいた。毎日記者にとっては、「開かれた新聞」委員会委員（二〇〇〇年～〇七年）という記事のお目付役。耳の痛い存在でもあった。担当として五年ほど毎月、意見を伺うために通い続けたなかで、「吉永ドキュメンタリー」に出合った。三六年間のTBS時代の代表作「魔の731部隊」では、元幹部の証言よりも、人体実験について執拗に問いただす姿に引きつけられた。「メディア・スクラム（集団的過熱取材）批判を恐れて代表取材ばかりじゃ、真実は見えてこない」「コンプライアンス（法令順守）って嫌な言葉ね」。時に委員らしからぬことも言った。

政界から風俗の裏社会まで向けられた目は、そのまま幅広い人脈につながる。時折、もらった手紙には、丸みのある文字でいつも「がんばれ」と記されてあった。励まされた人は多かったはずだ。三〇歳以上も離れた年下も引きつけられる「人たらし」とは彼女のような人を言うのだろう。

「この人はそもそも、何歳なのだろうか」。若手と変わらぬ情熱で社会を切る語り口に、初めて会った時に抱いた素朴な疑問だが、とても切り出せなかった。鬼籍に入っていて聞けなかった人々を直撃取材して、いまごろきっと、歴史の真相にたどり着いているに違いない。

『毎日新聞』二〇一七年一月二三日朝刊への寄稿から

■反戦訴え『たいまつ』創刊――むのたけじ氏

反戦を訴え続けたジャーナリスト、むのたけじ（本名・武野武治）さんが二〇一六年八月二一日、老衰

特定秘密保護法の廃止と安倍政権の退陣を求める記者会見で発言する、むのたけじ氏（左）と原寿雄氏（右）＝2014年1月14日、東京・内幸町の日本記者クラブで

のため、さいたま市で死去した。一〇一歳だった。太平洋戦争では、新聞社の多数の記者やカメラマンが、従軍記者として軍と行動をともにし、取材した。一九四五年八月、新聞記者としての戦争責任を理由に朝日新聞を辞め、戦後は郷里の秋田県で地域紙『たいまつ』を発刊した。七七年に休刊して以降も著作や講演活動を行い戦争の絶滅を語り続けた。

一六年五月三日にあった集会で「ぶざまな戦争をして残ったのが憲法九条だ。私は人類に希望をもたらすと受け止めたが、七〇年間、国内や海外で誰も戦死させなかった。道は間違っていない」と述べたのが公の場での最後の言葉だったという。戦後六〇年を迎えるにあたって秋田県横手市の自宅でインタビューしたほか、一三年一二月に成立した特定秘密保護法の法案審議の際には、同法の危険性について語ってもらった。

「読者裏切った」と朝日を辞職

「バタビヤ市長　塚本榮氏決（きま）る」

そんな見出しの無署名の特派員電記事が、一九四二年七月三日の朝日新聞朝刊に掲載された。太平洋戦争の開戦以降、日本軍は南方各地の占領地に軍政を敷いた。オランダ植民地のインドネシアもその一つ。記事は、その中心地のバタビヤ（現在のジャカルタ）の市長に、三菱商事南方課長からジャワ軍政部の嘱託となった日本人が内定したことを伝えるスクープだった。

朝日新聞記者だったむのさんは、四二年三月にジャワ島に上陸した日本陸軍に従軍し、現地に開設された支局の特派員として軍政取材にあたった。

「日本は欧米の植民地となっていたアジアを解放することを戦争目的に掲げていた。しかし、その中心都市のトップに日本人を起用するというのはおかしいと思った」

むのさんは、軍関係者から「商社マン」の市長起用をこっそり聞き出した。戦時下の外地での取材・報道活動にあたって、軍は記者が本社に記事を送稿する前に原稿の検閲を行っていた。市長起用の正式発表はなく、内定の段階では、軍の事前検閲はパスしそうにない。そこで一策を講じた。原稿を軍に出す前に、支局員が検閲の担当者と酒を飲み、酔いが回ったころに検閲に持っていくことにしたという。秘策は奏功し、無事に検閲済みのお墨付きをもらい、本社に特ダネとして打電することができた。

軍の検閲をいかにくぐり抜けて報道するか、戦時下でも記者が知恵をめぐらせたエピソードの一つだが、軍側は「誰が書いたのか」と脅し、名乗り出たむのさんの日本への送還をちらつかせた。むのさんによると、情報を提供した軍関係者の処分に及び、軍に傷が付くのを懸念したためか、結局それ以上の追及はなかった。

「軍に囲い込まれて本当のことが報道できず、悪かったなという悔いはいっぱいある。だが、本当のことが伝わるようには書いたつもりだ」

このスクープは一二行のベタ記事だった。しかし、記事に対するアジア地域での反響は大きかったという。

「日本軍が誰を市長にするかを他の占領地の人々は注目していたようだ。現地人であるべきなのに結局、日本の民間出身者だったことで大きく失望したのではないか」

四五年八月一二日。むのさんの所属した朝日新聞東京社会部にも「日本降伏」の情報が伝わってきた。社会部では、東京にいた三〇人ほどの部員が、今後どうするかについて灯火管制の中、その夜から話し合いを始め、議論は三日続いた。むのさんは新聞記者の戦争責任の取り方として、全員が会社を辞めることを主張した。

「うそをつくつもりはなかったが、軍の発表を建前として、それに合わせた戦災状況の記事を書かざるを得なかった。結果として読者を裏切ってしまった。そのけじめはつけなければならない。そうでないと将来、同じ過ちを再び犯してしまう。建物も輪転機も社会に寄付して、一度、新聞社としてピリオドを打つべきだと思った」

しかし、結論は出なかった。むのさんは「本来は会社の幹部が方針を示すべきだ」と思ったが、何一つ示されなかったという。むのさんの主張に同僚の一人は「妻も子供もいる。会社を辞めたら食べていけない」と本音を語ったという。

むのさんは一四日夜、「明日からもう来ない」と言い残して会社を去った。翌一五日の敗戦を前に去った社会部記者はむのさん一人だった。その後退社した記者も数人いたという。むのさんから見て、三日間の議論が活発でなかったのは、なぜなのか。

「四五年以前の日本のインテリは自己検証できるだけの力を持っていなかった。戦時下では周囲の監視が厳しく、戦争についての議論を蓄積することができなかったからだ。新聞社でも例外ではなかった。だからこそ普段からしっかりと戦争問題について議論していないといけない」

四八年二月二日。横手市でタブロイド判、表裏二ページの地域紙が誕生した。週刊紙『たいまつ』。むのさんは社長ではなく、編集トップを指す「主幹」を名乗った。『たいまつ』は、七八年一月三〇日に休刊するまで七八〇号を数えた。記者としての経歴は、『報知新聞』(一九三六〜四〇年)、『朝日新聞』(四〇〜四五年)と比べ、『たいまつ』が最も長い。

一度は捨てたペンをむのさんが再び持とうと決意したのは、GHQの占領政策への怒りだという。ダグラス・マッカーサー総司令官が官公庁の労働者による四七年の「二・一ゼネスト」の中止を命じたことに大きな衝撃を受けた。

「米国の政策は、それはひどいものだった。『たいまつ』を始めたのは、アメリカの政策がうそっぱちだったからだ。憲法は飾り物だということも分かった」

日本のメディアは四五年一〇月からGHQの検閲を受けるようになったが、表現の自由を保障し、当局による検閲の禁止を盛り込んだ日本国憲法が四七年五月に施行された後も、検閲制度は四九年一〇月まで続いた。『たいまつ』はＧＨＱに黙って創刊したが、一週間もたつとＧＨＱから手紙が来た。「三日以内に紙面を送れ」とあった。

ＧＨＱの検閲当局は、ＧＨＱ批判をはじめ、経済政策でも占領への不満を引き起こしそうな記事に目を光らせた。『たいまつ』は占領政策の是非を論じなかったが、農業をはじめ地域が抱える問題を、現場の視点から切り込み、目を付けられる。

むのさんによると、創刊から半年過ぎたころ、地元の検察庁から、むのさんに「ＧＨＱが来て、たいまつの発行を禁止するかどうかについて調べている。少し考えたらどうか」との電話があった。それ以降、仙台市にあったＧＨＱのＣＩＥ（民間情報教育局）の二人の担当官が「指導・援助」と称して毎月、横手市まで来たという。米国視察を持ちかける懐柔もあった。結局、五二年に占領が終わるまで発行停止処分は受けなかったが、むのさんは覚悟をしていた。発行禁止処分を受けたら、次の日には『たいまつ』から「まっくら」という名前の新聞を創刊しようと決めていた。

「米国が憲法を押し付けたと言う人がいる。しかし、最初にその精神を踏みにじったのは米国だ。憲法に命を吹き込み、その精神を受け継いできたのは日本の民衆だ」

秘密保護法は国民にうそをつくため

戦時下の報道を身をもって知っていたからこそ、むのさんは徹底して特定秘密保護法に反対した。むのさんに話を聞いた。

終戦以前の日本には治安維持法や国家総動員法、軍機保護法があって報道の自由、知る権利はなかった。

国家の命令に従わないと「非国民」のレッテルを貼られたり「国賊」とののしられたりした。お互いが監視役になって縮こまり、家庭内にまで亀裂が入った。軍事情報を厳格に管理しようとする今回の特定秘密保護法は、これらの法律と同じ根を持つ。安倍政権が唱える「積極的平和主義」の根底には、戦争の準備を進めるという考え方がある。特定秘密保護法を作ったのは「政府は戦争の準備をしていない」と国民にうそをつき、知る権利に鎖をつけるためではないか。第三次世界大戦を誘発し、再び人類全体に悲しみや苦しみを与える動きは、決して許すわけにはいかない。陸軍青年将校らが起こした「二・二六事件」(一九三六年)では朝日新聞社も襲撃された。活字ケースをひっくりかえされる程度の被害ですんだのは、軍人も「新聞の後ろにいる民衆を敵には回せない」と考えたからだ。残念ながら当時の新聞はこれを感じ取れず、毅然として戦争に反対する論陣を張れなかった。特定秘密保護法で怖いのは戦前同様の自主規制だ。報道人は読者を「報道の自由を守る仲間」だと思ってほしい。そうすれば、大きな力が生まれてくる。国民全体に自分たちの問題として関心を持ってもらうよう対話を地道に広げていくことが、ヒューマニズムとデモクラシーの根づいた社会への最短の道だ。命ある限り反対運動を続けたい。

■ジャーナリズムの自律呼びかけ——原寿雄氏

調査報道を提唱

「小和田次郎」筆名の『デスク日記』などの著書で知られる元共同通信編集主幹の原寿雄氏が二〇一七年一一月三〇日、胸部大動脈りゅう破裂のため神奈川県藤沢市の病院で死去した。九二歳だった。

「靖国神社参拝と秘密保護法をみても安倍首相は国家主義者であることが確認できる。国民運動を発展させるためにやれることをやりたい」。二〇一四年一月一四日。原氏は東京・内幸町であった特定秘密保護法の廃止と安倍政権の退陣をジャーナリストらが求めるという異例の記者会見でそう訴えた。

「国籍を超える努力を」。特定の国家の利益にとらわれない報道を求めた原氏の言葉を聞いた記者たちは多いはずだ。朝鮮半島情勢が緊迫化する中で、日本の報道界は、無謀な戦争を知るジャーナリストをまた一人失った。

原氏は東京大学法学部を卒業後、共同通信社に入社。大分県菅生村（当時）で起きた、共産党員らが駐在所を爆破したとして逮捕された「菅生事件」（一九五二年）の取材に社会部記者としてかかわり、事件は県警ぐるみのでっちあげだったことを突き止めた取材班を指揮した。

一九九〇年代に膨らんだ過剰な取材や犯人視報道に対する市民のメディア不信と、今日も続く個人情報保護法をはじめとする政府・与党によるメディア規制の動き。原氏は規制反対の論陣を張るとともに、行政・捜査機関や政治家、大企業の情報に依存した「発表報道」を脱却し、公権力が隠そうとする問題を発掘・監視する「調査報道」による信頼回復と再生を呼びかけた。

原氏には何度もジャーナリズムをめぐる問題についての見解を聞いてきた。例えば、その一つは先にも触れた特定秘密保護法だ。秘密保護法をめぐっては自分自身の取材経験を踏まえて次のように話してくれた。

「一九五二年、大分県菅生村（現竹田市）で共産党員ら五人が駐在所を爆破したとして逮捕された。菅生事件だ。県警巡査部長がスパイとして共産党に入り込んで演出した謀略だった。共同通信社会部は特捜班を作り、巡査部長が東京・新宿のアパートに潜んでいることを突き止めた。私はその現場キャップだった。近くのバーに連れ込んで六時間も追及したが何も認めず、デスクと警察幹部との交渉で翌日、本人が警察幹部に伴われて現れ、共同の単独会見となった。

巡査部長は二審法廷に出て、情報収集活動は認めたが爆破事件とは無関係と主張。一審で有罪判決を受けた五人は無罪になったが、真相は闇のままだ。

五年近く警察にかくまわれていた巡査部長は『特定秘密』そのものだ。特定秘密保護法二四条の『人を脅迫して秘密を取得した行為』として一〇年以下の懲役になる。共同の六人の特捜班は、特定秘密そのものの人物を入手しようとしたのだから、これらの条文に該当してしまう。

さらに、二五条の共謀罪では、日本ではチーム取材が多いから特に要警戒だ。スクープ報道の成功どころか、犯罪者とされて記者たちが裁判の被告にされる事態まで心配される。

また、二六条では「共謀したものが自首した時は、その刑を減軽し、又は免除する」とある。巡査部長が自首して自分は無罪、共産党員らだけ容疑者にすることも可能だ。政府は『正当な取材は対象にならない』と説明するが、安心はできない」

課題は「国家主義との対決」

特定秘密保護法が成立した二〇一三年はこの法律のほかにもジャーナリズム界にとって憂慮すべき出来事が相次いだ。安倍政権の実質初年に当たる。この年を振り返ってもらったことがある。「国家主義との対決」と語っていたが、その後今日までに至る出来事を予言したかのようだった。

原氏が最も注目したのは、安倍政権が一三年一〇月、臨時国会に提出し、同一二月までに可決・成立した、外交・安全保障政策の司令塔となる国家安全保障会議（日本版ＮＳＣ）設置法と、特定秘密保護法の二つの法律だ。

政府は一三年一二月二三日、アフリカ・南スーダンで国連平和維持活動（ＰＫＯ）を実施中の陸上自衛隊が保有する弾薬一万発を韓国軍に無償譲渡した。外国への武器輸出を禁じた武器輸出三原則に抵触するものの「緊急の必要性、人道性が極めて高い」と判断したという。政府は従来、ＰＫＯで武器・弾薬の譲渡を要請されても応じない方針だった。方針を転換する重大な判断は、ＮＳＣと持ち回りの閣議で決められた。

原氏は「ＮＳＣへの決定権の集中は、首相による独裁につながりかねない。にもかかわらず、ＮＳＣ設置法案の審議内容は、秘密保護法案報道の陰に隠れ、基本的な内容さえも明らかにされないまま成立した」と指摘。「日米間で軍事情報の共有を進める一方、共同作戦の指揮権をどちらが持つのかさえ不明だ。報道機関はＮＳＣの問題点を今も提起できていない」と批判した。

二つ目は秘密保護法を巡って割れた新聞の論調だ。法成立の翌日に当たる一三年一二月七日、毎日、朝日、日本経済の三紙は成立を批判する社説を掲載した。一方、読売と産経は成立を歓迎した。大半の地方紙は批判的な立場で報じており、原氏は「新聞の主張が割れることは、言論の多様性という観点から必要なことだ。ただ今回は、言論・表現の自由を制約する法律なのだから、足並みをそろえて阻止すべきだったのではないか。そうならなかったのは残念だ」と述べた。

三つ目は、ＮＨＫの経営委員および会長の人事だ。政府は一三年一一月、作家の百田尚樹氏や、保守派の論客、長谷川三千子氏ら安倍晋三首相と近い四人を国会の同意を得たとして経営委員に選任した。

さらに経営委は一四年一月二四日に任期が満了する松本正之会長の後任に、政府サイドからの推しが強かった籾井勝人・日本ユニシス特別顧問（元三井物産副社長）を選んだ。

第一次安倍政権時にも、安倍氏に近い古森重隆・富士フイルムホールディングス社長（当時）が経営委員長に選ばれ、菅義偉総務相（同）がＮＨＫに短波ラジオ国際放送で拉致問題を重点的に放送することを命じ、政府による放送内容への介入として批判された。原氏はこれらを踏まえ「安倍政権が今後、政府見解を放送させようと圧力を強めてくるのではないか。ＮＨＫが国営放送に傾いていかないよう、しっかりと監視する必要がある」と訴える。

四つ目は▽集団的自衛権の行使容認や改憲への動き、▽首相の靖国神社参拝、▽米軍普天間飛行場の辺野古への移設問題、▽防衛関係費の二年連続増額、▽日米防衛協力指針（ガイドライン）の改定、▽緊張が続く対中韓外交――など一連の政策を挙げた。これらを可能にしたのは一三年七月の参院選。五つ目に、自民・公明両与党の圧勝による巨大与党の誕生を選んだ。参院選でねじれが解消し、巨大与党が誕生した。原氏は「国家に優先的価値を置く一連の政策は、まぎれもない国家主義だ。ジャーナリズムは、国家主義との対決を迫られている。野党による監視力は、巨大与党から見れば無視できるほど小さくなっている。ジャーナリズムの果たすべき役割は、一層大きくなっている」と語った

原氏は、朝日新聞「報道と人権委員会」委員、ＮＨＫと民放でつくる「放送と青少年に関する委員会」委員長、「日本ビデオ倫理協会」評議員などを務め、法律などの他律でなく「自律」を強く求めた。報道現場に近い立場からジャーナリズムの倫理を問い続けた「生涯ジャーナリスト」だった。

終　章

抗う

「安田さんを解放するためには、シリア征服戦線（ヌスラ戦線）と関係の深い『第三国』の協力が不可欠です。それには日本政府の働きかけによる政府レベルの交渉が求められます」。危険地報道を考えるジャーナリストの会が開いた報告会「シリア内戦取材・報道の現在　安田純平氏の拘束から２年」では「安田純平氏救出のためのアピール」が発表された＝2017年４月15日、東京都文京区の文京区民センターで

■朝日論説委員「みんなの疑念が膨らんでいる」

まったくのデタラメだったと言っても良いのではないだろうか。そう思わざるを得ない発言や記事だった。少なくとも、相当不正確で偏った、視聴者や読者が誤った理解をしてしまうと思わせる情報だったことは間違いない。二〇一七年の衆院選（一〇月一〇日公示・二二日投開票）の二日前だった。一〇月八日午後、東京・内幸町の日本記者クラブで、与野党の八党首による討論会が開かれた。安倍晋三首相は、「加計学園問題」に関連する記者からの質問に次のように答えた。

〈**坪井ゆずる朝日新聞論説委員**　私は、七月の国会の閉会中審査で、安倍さんが、加計学園が今治で特区になったというのを知ったのは（二〇一七年の）一月二〇日だったと、あの証言で逆にびっくりして、それまで知らなかったなんていうことはないだろう、というふうにみんなの疑念が膨らんでいるんですね。イエス、ノーで、ここだけは教えていただきたいんですけれども、本当に一月二〇日だったということをこれからもおっしゃり続けるわけですね。

安倍晋三首相　まず、朝日新聞は、先ほど申しあげた八田さんの報道もしておられない。

坪井　しています。

安倍　ほとんどしておられない。しているというのはちょっとですよ。ほんのちょっと。アリバイづくりにしかしておられない。加戸さんについては、証言された次の日には全くしておられない。

坪井　しています。

安倍　批判があったから、投書欄等で載せておられますが……。

坪井　いやいや、そこはいいです。

安倍　いや、これは、しかし大切なことですからぜひ皆さん、調べていただきたいと思います。本当に胸を張ってしていると言うことはできますか

坪井　はい。できます。

安倍　これはぜひ、国民の皆さん、新聞をよくファクトチェックしていただきたいと思います。いまの答えについては、イエスであります〉

このやりとりを産経新聞の阿比留瑠偉論説委員（第2章「私は捏造記者ではない」参照）は、同紙のネット上のコラムに「驕れるメディアは久しからず　朝日・毎日のベテラン記者の噴飯質問に思わず赤面してしまった…」という見出しの一〇月八日付記事で書いた。「七月一一日付の朝日新聞と毎日新聞の朝刊は、加計学園誘致を進めた当事者である加戸氏の証言について、一般記事中で一行も取り上げず、審査の詳報の中でごく短く触れただけだった。朝日がいかに『（首相官邸サイドに）行政がゆがめられた』との前川喜平・前文部科学事務次官の言葉を偏重し、一方で前川氏に反論した加戸氏らの証言は軽視してきたかはもはや周知の事実である。それなのに、どうして胸が張れるのか全く理解できない」。朝日のベテラン記者とは坪井氏を名指ししている。

安倍首相が取り上げた、八田達夫・アジア成長研究所理事長（国家戦略特区ワーキンググループ座長、国

家戦略特区諮問会議議員）と、加戸守行前愛媛県知事の証言というのは、加計学園問題をめぐって国会で行われた閉会中審査（一七年七月一〇日、二四日、二五日）での参考人としての陳述のことだ。

八田氏は二四日、加戸氏は三日間とも出席した。八田氏は「特定の事業者を優遇してほしいといった意向は、この件に限らず、総理から示されたことは一切ございません。私どもの決定のプロセスには一点の曇りもございません」（二四日の衆院予算委員会）と述べ、加戸氏は「（前川・前文科次官の）行政がゆがめられたという発言は、私に言わせますと、少なくとも獣医学部の問題で、強烈な岩盤規制のために一〇年間我慢させられてきた岩盤にドリルで国家戦略特区が穴を開けていただいたということで、ゆがめられた行政が正されたというのが正しい発言ではないのかなと私は思います」（一〇日の参院文教科学委、内閣委連合審査）――などと述べている。

安倍首相が、国民に呼びかけた朝日新聞のファクトチェックだったが、朝日自身が翌九日朝刊「首相『朝日新聞、ほとんど報道していない』三月以降、一〇回以上掲載　国家戦略特区WG座長の発言など」で反論した。

〈朝日新聞は、国会での発言を含め、八田氏に単独取材した今年三月以降に一〇回以上、八田氏の発言や内閣府のホームページで公表された見解などを掲載してきた。

加戸氏については、閉会中審査が開かれた翌日の七月一一日と二五日付の朝刊で、国会でのやりとりの詳細を伝える記事で見出しを立てて報じたり、総合二面の「時時刻刻」の中で発言を引用したりしている〉

一般社団法人・日本報道検証機構が運営するサイト「GoHoo（ゴフー）」に詳しいチェック結果が掲載されているので参考になった。朝日記事のファクトチェックを求めた安倍首相の発言が逆にファクトチェックされたわけだ。こういう取り組みはもっと広がってほしい。

一方、阿比留氏のコラムも朝日新聞の偏りを強調しようとするあまり、正確ではなくなっている。安倍首相が朝日は報道していないと指摘した八田氏の発言を、実は産経が記事にしていないことについて言及していないのである。それだから加戸氏だけに絞った記事にしたのかどうかは分からない。「噴飯記事」と言って批判するつもりも赤面などもしないが、偏った根拠で朝日の悪印象を広めようとする意図——印象操作——があからさまな記事には眉を潜めたくなる。

■官邸の放送制度改革

安倍首相の考えを予測するのは難しい。

次項で詳しく述べるが、外務省が国連人権理事会で出た放送法四条の廃止を拒否する方針で臨む中で、官邸は放送法四条の撤廃に傾く。共同通信が一八年三月一五日に配信したスクープ記事で急浮上した。この一五日の記事は「政治的公平を求めた放送法の条文を撤廃する」とし、続報の二二日の記事では「放送局に義務付けた番組基準など、NHK以外の放送関連の規制をほぼ全廃する方針」と報じた。デビッド・ケイ氏が提案した政府から独立した機関への放送行政の移管どころか規制自体をなくしてしまおうという構想だったのである。

政府が放送番組介入の根拠としてきた条文がなくなることは放送界にとっては良かったね、とはならなかった。これまで自民党からは選挙のたびに公平・公正を求められたりしてきたことに加え、一八年九月の自民党総裁選でも同じような要請を受けた。そんなこともなくなるのに……。

放送界は、安倍首相による「民放つぶし」の放送制度改革と受け止めたようだ。新聞界を巻き込んだ反対キャンペーンが張られた。最も批判的だったのは、読売新聞だった。安倍首相から三月九日にあった会合の場でこの方針を最初に耳打ちされたとされる放送関係者が、同紙出身の大久保好男・日本テレビ社長（一八年二月に民放連会長に内定）だったからかどうかは分からない。読売は社説で「米国では、放送局に政治的な公平性を求めるフェアネス・ドクトリン規制が一九八七年に廃止された後、偏った報道が増えた」（三月二五日朝刊）と指摘し、同紙は大久保氏の「新聞等で報じられている通りだとしたら、民放事業者は不要だと言っているのに等しく、容認できない。強く反対したい。民放は、緊急災害報道や字幕放送など市場原理とは別の公共的、社会的役割を果たしている。規制のないインターネットと同様のコンテンツ（番組）が放送で流れた場合の影響の大きさを考えると、間違った方向への改革ではないか。日本の放送事業者が外資の影響を受けかねない」（三月二七日朝刊）との発言も掲載した。

保守系メディアとされる日テレや読売だが、商売の障害になりかねない政府の政策にはいち早く反対を表明するというのは興味深い。

安倍官邸と総務・外務省の方針がねじれた背景を考えるには、自公の与党が憲法改正の発議に必要な三分の二を上回る議席を獲得した二〇一七年一〇月の衆院選までさかのぼる必要がある。公示日（一〇日）

直前の八日夜、テレビ朝日と、IT企業のサイバーエージェントが出資して設立したインターネットテレビ局「AbemaTV」に、テレビ朝日の番組審議会委員長の見城徹・幻冬舎社長がMCを務めている番組「徹の部屋」に、安倍首相は単独出演し、約一時間にわたって言いたい放題できたことにずいぶんと気をよくしたらしい。放送法四条の下にある地上波の放送では絶対にあり得ない番組のつくり方だった。

安倍首相は一八年一月の施政方針演説で「通信と放送が融合する中で、国民の共有財産である電波の有効利用に向けて、大胆な改革を進めてまいります」とほのめかせる。第一次の安倍政権では放送局に対する規制姿勢を強めたが、その後のインターネットメディアの急成長と、政治的な「安倍一強」体制の確立は、逆に自由化によってカネの力で放送を支配しようとしているように映る。施政方針演説で触れられた、「通信と放送の融合」というテーマはかつて、菅官房長官が総務副大臣だった竹中平蔵総務大臣の時代(二〇〇五年一〇月〜〇六年九月)に議論され、菅総務大臣(〇六年九月〜〇七年八月)に引き継がれた。堀部政男・個人情報保護委員会委員長が座長を務めた「通信と放送の総合的な法体系に関する研究会」が打ち出した「情報通信法」は、融合を進める先に、ネットにも放送法四条のような「共通ルール」を広げる内容だった。表現の自由への規制強化と警戒された、と記憶している。今回はその正反対の発想と言えるかもしれない。

その兆しは一七年一〇月の衆院選のCMにも見て取れる。ジャーナリスト・神保太郎氏の「メディア批評」(『世界』二〇一八年一二月号)によれば、自民党は一〇月一三日から二一日までの間に、日本テレビ、テレビ朝日、TBS、テレビ東京、フジテレビの在京キー五局で、合わせて二三〇本ほどのCMを流したという。CMが流れた時間は日テレを一とすれば、テレ朝一・五、TBS一・五、テレ東二、フジ二——

という割合だった。日本維新の会のCMは三〇本ほどだったという。その他の政党はCMを流していない。

本書では取り上げなかったが、憲法改正国民投票法ではテレビのCM利用は、資金力に勝る改憲派が有利だという議論が起きている。賛否を呼びかけるCMは投票期日の一四日前までは流せるし、「賛成です」といった意見表明を禁止する規定は、国民投票法にはない。元博報堂社員の本間龍氏は著書『メディアに操作される憲法改正国民投票』(岩波ブックレット)の中で、「資金がある政党や企業が、莫大な予算を投入して大広告宣伝戦を有利に展開できる」と訴えている。放送を自由化した方が、都合が良いと、改憲を目指す安倍政権が発想の転換を図ったように見えることは、大いに警戒しないといけないように思う。今日のメディア状況下では、言論の自由市場の勝者は、結局はカネの強者だということだ。

官邸内で放送制度改革案が出てきた二〇一八年三月から四月にかけては、「序章」でみたように森友・加計学園問題をめぐる安倍政権にとって不祥事や不都合な事実が次々と報道によって明るみに出たことも重なり、放送制度改革論議はほどなく下火になった。政府の規制改革推進会議(議長・大田弘子政策研究大学院大学教授)が六月にまとめた第三次答申に一連の規制撤廃は盛り込まれなかった。しかし、これは再浮上の機をうかがっているだけに過ぎないだろう。

■国連特別報告者「政府から独立していない機関は決定する立場にない」

国連人権理事会から特別報告者に任命されたデビッド・ケイ米カリフォルニア大学教授が二〇一七年六月一二日に理事会へ正式に提出した報告は、日本での表現の自由、報道の自由の状況について相当つぶさに調べている。特に注目したいのは、放送法四条の撤廃を求めたことだ。

「政府から独立していない機関は、何が公平かを決定する立場にあるべきではない。政府による干渉の法的基盤を除去し、報道の独立性を強化する観点から放送法第四条の見直し及び撤廃を勧告する。この措置と並んで特別報告者は、政府に対し、放送メディアに関する独立規制機関の枠組みを構築することを強く要請する」——。

放送法四条は、放送番組の編集に当たって放送事業者に（一）公安及び善良な風俗を害しないこと、（二）政治的に公平であること、（三）報道は事実をまげないですること、（四）意見が対立している問題については、できるだけ多くの角度から論点を明らかにすること——を求めている。四条違反を理由に電波法七六条に基づいて総務大臣が電波の停止を命じることができると解釈する総務省と、放送事業者の倫理規定であり、停波命令は憲法違反とする研究者との間にある長い論争に決着は着いていない。

「電波の停止がありえないとは断言できない」——。二〇一六年二月に当時の高市早苗総務大臣が国会で、停波できると繰り返し答弁し、物議を醸したのは記憶に新しい。そうでなくても安倍政権は、歴代の自民党政権のなかでさえ、放送法四条を根拠にした番組介入が突出している。

旧郵政省時代からの番組にかかわる行政指導は、記録が残る一九八五年から二〇一八年までに三六件あり、このうち実に八件が安倍第一次政権（〇六年九月～〇七年九月）下でのわずか一年余に集中している。民主党政権（二〇〇九年九月～一二年一二月）下で行政指導は行われなかったが、自民党が政権復帰すると一五年四月に高市総務大臣がＮＨＫに対して厳重注意を行って復活した。

ケイ氏が来日調査したのは、高市大臣による停波発言の波紋がまだ収まらない一六年四月一二日～一九

H。ケイ氏が問題視したのは、放送法四条に限らない。先にも触れたように、放送行政そのものの枠組みにも言及している。高市総務大臣が国会で答弁する仕組みから分かるように、日本では閣僚の一人である独任制の総務大臣が放送法を所管している。ケイ氏は「この枠組みは、メディアの自由と独立への不当な規制につながる可能性がある。日本におけるメディア規制は、政府、特に時々の政権与党から法的に独立していない」と指摘した。これに対して主要な民主主義国の大臣は停波を命じる権限を持っていない。米国では、連邦通信委員会（FCC）、英国では通信庁（OFCOM）、フランスでは視聴覚最高評議会（CSA）――といった政府から独立した合議制の機関が監督しているからだ。ケイ氏が「国際基準では、放送規制は独立した第三者機関が行うべきだ」としたのは当然の結論だろう。

ケイ氏の報告に対する日本国内の評価だが、総務省は言うに及ばず、保守系マスコミからも散々だった。たとえば、読売の六月一四日社説「国連特別報告　メディアへの誤解が甚だしい」は「杜撰極まりない代物である。日本の一部の偏った市民運動家らに依拠した見解ではないか」と批判し、産経は主張（社説）で二回も取り上げ、六月二日主張では「国連特別報告者　嘘をまき散らすのは何者」の中で「国連の名を冠した『嘘』に黙っていては誤解が広がるばかりだ」と厳しい。ネット版の産経ニュースでは「【国連反日報告】デビッド・ケイ氏の背後に〝人権団体〟中立・公正に疑問符」という記事も掲載している。

ケイ氏が面会した人や団体は多岐にわたっている。報告書によれば、外務省、法務省、総務省、参議院、内閣情報調査室、最高裁、警察庁、海上保安庁、内閣官房、公安調査庁、文部科学省、個人情報保護委員会――など表現の自由を国民に保障する立場にある公的な機関、役職者だけでなく、その権利を行使する側の日本放送協会、日本民間放送連盟、日本新聞協会、日本雑誌協会、日本インターネットプロバイダー協会のほかジャーナリストや研究者、人権団体などの関係者とも会っている。産経記事は、ケイ氏が東京都内で行った講演会の主催者が「慰安婦」問題にも取り組む「ヒューマンライツ・ナウ」であったことを取り上げ、「(ケイ氏との密接な)関係を懸念する声」が日本政府にあると紹介する内容だ。国連の特別報告者も「反日」の烙印が押されてしまった。

一方、肝心の放送局側の反応はほとんどなかった、と言って良い。井上弘・民放連会長（当時）は六月九日の記者会見で「現時点で、報告書についてコメントすることはない。放送界は放送倫理・番組向上機構（BPO）も設置しており、自主・自律のなかで、視聴者・国民に資する報道活動をこれまでどおり行っていく」としか言及しなかった。

それでは、当事者である高市総務大臣はどう受け止めたのか。六月一三日の記者会見で産経記者の質問に答えている。

「日本政府の説明文書を送って再考を求めたにもかかわらず、私どもの立場を反映していない報告が行われたことは残念に思っております。ただ、そもそも特別報告者の見解でございますが、個人としての資格で述べられるものであり、国際連合またはその機関である人権理事会としての見解ではないと認識しています」。ケイ氏の個人的見解に過ぎないと過小評価を印象づけようとしたように思われるが、国際社会に与えた影響は大きかったようだ。一七年一一月にあった普遍的・定期的審査の作業部会では各国から懸念が相次いだ。米国やオーストリア、ロシア、ベラルーシの各国から四条の廃止や、放送メディアの独立性の保障などについて注文がついた。共同通信は、報道の自由に関して四カ国が触れたとし、これに対して岡村善文・政府代表は「従軍慰安婦や報道の自由の問題については個人的には何ら恥じる状況ではない」と発言した——と報じている。

この作業部会の報告書に記載された日本政府の反論は次の通りだ。「報道の自由を含む表現の自由は、憲法及び国内法で完全に保障された基本的な人権であり、政府職員がジャーナリストに圧力をかけたという事実はない。放送法は放送事業者の自主自律を基本とする枠組みとなっており、放送事業者が最も自由なメディア環境を享受することを確保している」。最終的に日本政府は、報道の自由に関する勧告については一八年三月の理事会で「受け入れられない」と拒否した。

■沖縄タイムス記者「歴史を記録していく」

権力によるのか、自ら進んでなのか、あるいはその両方なのか。本書で見てきたように近年、露わになるメディアの分断状況のなかで、一人一人のジャーナリストの取材環境は厳しさを増すばかりである。

一八年七月一日に法政大学（東京都千代田区）であったシンポジウムで、『沖縄タイムス』の阿部岳記者が、沖縄県東村高江での米海兵隊訓練用のヘリパッド建設や、名護市の辺野古新基地建設に反対する人たちの取材中に受けた、警察や海上保安庁による妨害の実態を報告した。

ヘリパッド建設現場に続く道路上に設けられた検問では、理由も示されないまま二、三時間も待たされたり、機動隊による検問の様子を取材しようとすると制止されるなどの妨害にあったという。取材を止めないと分かると、「会社に連絡しますよ」などと脅す福岡県警機動隊の責任者もいた。阿部記者は「『どうぞ（会社に電話を）してください』と言ったが、こう言うことで黙る記者がいるのかと思った」と明かした。

辺野古では、立ち入り禁止区域外の海上に取材用ボートはあったにもかかわらず、海上保安官はボートの動きを制止するなどの妨害を加えた。「本部（第一一管区海上保安本部）に聞いてください」。阿部記者の抗議に対し、現場の保安官はそれしか答えなかったという。

普天間飛行場所属の垂直離着陸輸送機ＭＶ22オスプレイが名護市の海岸に墜落した現場では、米軍が民有地に勝手に線を引いて記者を排除しようとしたという。

「米軍基地反対運動の現場に第三者は我々記者しかいない。歴史の記録者として見続けなければいけない」。阿部岳・沖縄タイムス記者はそう語っていた＝2018年7月1日、法政大学で

今風に言えば、こういうのを〝取材ハラスメント〟とでも言うのだろうか。公権力という優越的な地位を乱用した嫌がらせである。

阿部記者は、取材妨害を受けたときはその都度、抗議してそれ以前に取材できたところまで押し戻すことが重

要だと指摘する。高江では機動隊による反対派の強制排除があったとき、『琉球新報』と『沖縄タイムス』の二人の記者も一緒に約三〇分間、身柄を拘束された。これに対して両紙はともに抗議した。その後、そうした妨害は起きなかったという。阿部記者は「沖縄では物理的に圧力が加えられている。(こうした圧力は、沖縄以外でも)いつでも起こりうる」と指摘した。その通りである。

本章の冒頭でも触れたが、国会に議席を持つ八党の党首が一堂に会した討論会をＮＨＫが中継するという国民注視のなかで、一国の宰相が不正確な情報を堂々と示して気に入らない新聞報道を批判し、保守系新聞の記者が自社の報道を棚上げして宰相に有利な、そして偏った記事を流して、質問した記者に攻撃を加える——。日本のジャーナリストたちはいま、大変な状況下で取材しているのだということを改めて浮き彫りにする出来事だった。

阿部記者は講演で、記者の役割を「第三者としての歴史の記録」と表現していた。フェイク情報がまかり通りかねない時代だからこそ、ジャーナリストが果たすべき役割の重要性はますます高まっている し、彼ら彼女らが孤立しないよう南彰・新聞労連委員長が意欲を示したような、ジャーナリスト同士が支え合う連帯組織の誕生に期待が寄せられている(本章「新聞労連委員長『記者同士のネットワークを作りたい』」の項参照)。

■安田純平氏「紛争地取材は絶対必要」

内戦下にあるシリアで武装勢力に三年以上もの長期にわたり拘束されていた、ジャーナリストの安田純平さん（四四）が二〇一八年一〇月に解放され、無事帰国した。安倍政権は官邸が司令塔となった「国際テロ情報収集ユニット」の活動の成果をアピールしたが、官邸内に「自己責任」を求める声があるなかで、日本政府が安田氏の救出に具体的にはどのような役割を果たしたのかは、はっきりしていない。国民保護の観点からの政府自身による検証が求められるだろう。

一方、シリアへの取材を計画していた新潟市のフリーカメラマンが、外務省による旅券返納命令の取り消しを求めた裁判で最高裁は一八年三月、カメラマンの上告を退ける決定を出した。安倍政権は旅券法の規定を使って、「安全」を理由に紛争地の現地取材をしようとするジャーナリストの出国を規制するお墨付きを得たわけだ。

二〇一一年三月に起きた、東京電力・福島第一原子力発電所の事故では、現地取材をめぐるマスメディアの取材姿勢が問われた。政府は、事故現場から半径二〇キロメートル圏内を「避難指示区域」、二〇キロメートル〜三〇キロメートル圏内を「屋内退避指示区域」に指定した。

事故発生の直後、これらの区域ではまだ住民が生活していた。それにもかかわらず、一部の地元メディアを除けば、新聞・テレビの大半は、原則としてこの地域での取材を自粛したため、現地での様子は、原発を推進してきた政府や福島県などの行政機関や、事故の当事者である東京電力からの間接情報に頼らざるを得なかった。紛争地や被災地での取材は、記者の身の安全確保が最優先されるべきなのは言うまでもないが、政府や東電の発表が正しいのかを第三者が現場からの情報として提供することは欠かせないのだと日本社会はこのとき、身を持って経験したはずだった。地元の住民にしてみれば、食料や医薬品などの物資が欠乏する状況について被災者に取材して全国に知らせてほしいという期待が大きかっただろう。

これは、紛争地域で生活する人々も同じ気持ちに違いない。米国が仕掛けた対テロ戦争の現実はどうなっているのか——。

安田さんは帰国後の記者会見で「紛争地に入るジャーナリストの存在が絶対に必要である」と語っている。

ジャーナリストの身に危険が及ぶ恐れのある紛争地取材は、時にその時の政権の利益に反することもある。安田さんのケースを軸に紛争地取材について考えるとともに、一歩踏み込んだ取材をしようとする記者を報道界はどうすべきなのか。


一八年一〇月二五日午後六時二〇分ごろ、安田純平さんを乗せたトルコ航空機が、成田空港に到着した。一五年六月二二日深夜にシリアでの現地取材のためにトルコ南部から、反政府勢力・旧ヌスラ戦線が支配的だった北西部のイドリブ県に徒歩で入り、消息を絶ってから三年四カ月にもわたる過酷な状況下での長期拘束だった。

それからおよそ一週間たった一一月二日、東京・内幸町の日本記者クラブで帰国後初めての記者会見に臨んだ。安田さんが最初に口にした言葉は、謝罪だった。二〇〇四年四月にもイラクで武装勢力に拉致され、三日後に解放されたことがある。

「私の解放に向けてご尽力いただいた皆さん、ご心配いただいた皆さんにおわびするとともに深く感謝申し上げます。本当に有り難うございます。私自身の行動によって、日本政府が当事者にされたこと、大変申し訳ありません」。そしてこう付け加えた。「何が起こったのか、可能な限り説明するのが責任だと思っています」

それから約一時間五〇分にわたって拘束されていた間の状況について日付を示しながら詳しく、そしてメモを見ることもなく、一気に明かした。

「紛争地に行く以上、当然、自己責任」。帰国後に初めて公の場で記者会見する安田純平氏＝2018年11月2日、東京・内幸町の日本記者クラブで

そもそも安田さんの解放情報は、帰国の二日前の一〇月二三日午後一一時に菅義偉官房長官が緊急記者会見を開いて明らかにした。

「本日、日本時間一九時四〇分ごろ、三年前にシリアで拘束された安田純平さんが、早ければ本日中に解放されるという情報がカタール国からもたらされた。その後、日本時間二一時ごろ、カタール国からの連絡として、安田純平さんが解放され、トルコ当局のアンタキヤの入管施設にいるとの情報がもたらされている。現在トルコ当局等を通じて人定関係を確認中だが、諸般の情報を総合すれば、安田純平さん本人である可能性が高いものと考えられ、その旨を安田氏のご夫人にもお伝えした。なお人定関係の確認には一定の時間を要する見込みだ」

安田さんの解放情報が発表されると、短文投稿サイト「ツイッター」などインターネットでは「自己責任」を軸にした批判が出た。

東京新聞一〇月二六日朝刊「また自己責任論　変わらぬ日本」では「自己責任で行ったのだから自己責任でイスラム過激派と交渉すべきだ！　自分は死んでも構わないくらいの腹くくって行ったんだろうが！」「このような身勝手な蛮行が今後起きないようにするために、日本政府が救出にかかった費用を請求すべき」――といった安田氏の行動を非難する言葉がツイッターやブログにあふれたと伝えている。毎日新聞一一月三日朝刊「自己責任論　定着深刻」によると、「今回も日本政府にお尻を拭いてもらった。その政府を批判すれば非難を浴びる」「殺されても文句は言えないはずだ」との批判が一週間たっても絶えないという。

安田さんの帰国に際してインターネット上に出た「自己責任論」は、報道機関を巻き込んだ、紛争地取材の否定に容易に結び付く危険性を帯びている。東京や毎日の記事は、自己責任論がネットに出てくる要因を探ろうとするものだった。

官邸からの発表をきっかけに安田さんの解放に関するニュースを報道各社はこぞって取り上げたが、筆者の関心事はいわゆる「自己責任」をめぐってマスメディアがどのような態度を示すかであった。

■外国人記者「謝罪の必要あるのか」

安田さんの記者会見では司会役であるテレビ朝日コメンテーターの川村晃司氏がぶつけた代表質問は「匿名のネット上でのバッシング、あるいは自己責任といったような議論があります。こうした日本社会の現状についてどのように受け止めていますか」というものだった。

これに対して、安田氏は次のように述べた。

〈私自身の行動によって、日本政府並びに多くの皆さまにご迷惑をおかけしたということもあるので、私自身に対して批判があるのは当然のことと考えています。何があったかを含め、皆さまに批判いただき、検証いただくのは当然だと思っています。そのことについては特に私の側からは疑問はありません。ただ、事実に基づかないものもあるように思いますので、あくまで事実に基づいたものでやっていただきたいという私の願いはあります。

自己責任についても当事者である私が述べるのは非常に言いづらい。紛争地のような場所に行く以上、当然、自己責任であると考えています。これは紛争地において日本政府が何かしらの救出をするのは非常に厳しい環境である。だからこそ、政府は退避勧告といったものを出しています。そういった場所にあえて入っていく以上、自分が相応の準備をし、何かあった場合に自分に起きたことは自分で引き受ける準備、態勢としての準備、それから自分自身の心の準備をやって入るものだ

と思っています。そこで自分の身に対して起きることは、はっきり自業自得だと考えています〉

ネット上であった批判はマスメディアからは、ほとんど見当たらなかった。ただ、民放の情報番組に出演した著名人の発言には、民主主義社会におけるジャーナリズムの役割を十分に認識しているとは言えないものもみられ、ネット上での乱暴な自己責任論の広がりを、放送を通して助長したのではないかと思う。ネット上で話題になった代表的な発言を紹介したい。例えば、TBSの情報番組「新・情報7daysニュースキャスター」(一八年一〇月二七日放送)。「フリージャーナリスト」の肩書で出演していたビートたけし氏は次のように語っていた。

〈フリージャーナリストっていうのは、現地にいって記事を書いてそれを出版社に売って儲けるわけでしょ。仕事のために危険を冒していくのはリスクだから、日本政府がお金出したのかどうかわからないけど、どうなんだろうね。冒険家が誰も登ったことがない山に登って、遭難して、ヘリコプター呼んで、救助隊に助けてもらったときに救助隊にお金を払うでしょ。成功していれば写真や名誉があるけれど、この人は失敗したんじゃないの〉

コメンテーターの元TBSアナウンサー、三雲孝江氏も「人質にとられてしまったところで、前線で活躍する企業や人道支援に行っている人たちも同じような危険のリスクが高まってしまった現実もある」と述べるなど批判的な番組構成のなかで、池谷裕二・東京大学薬学部教授が「フリージャーナリストが戦場に存在するだけで実は多少の（人権弾圧に対する）抑止力が向こう側にある。ルワンダみたいに最悪のケースに陥ってしまうのは、フリージャーナリストが入って行かなかったという過去が証明している」と言及していたが救いだった。

一方、在英のシリア人権団体が発信源の日本政府が否定している、カタール政府が肩代わりしたという身代金（三億四〇〇〇万円）情報も取り上げられた。、

フジテレビの「ワイドナショー」（一〇月二八日放送）にコメンテーターとして出演した松本人志氏は「安田さんとちょっと道で会ったら個人的には文句は言いたいですね。極端な話、わざと人質になって身代金を折半しようぜという奴が出てこないとも限らないからね。この先。もしくはそういうＩＳへの参加の仕方をする奴も出てくるかもしれないですから。安田さんは絶対違うと思いますが、もうこれ以上はやめようねっていう感じにしてほしいですね。（もう一度行くことには）それはちょっと許せないな」と憤りを見せていた。「ジャーナリズムって何なんだろうか。ジャーナリズムって結構、みなさんうまいこと利用しているところもあるなって。結構、ジャーナリズムって何でもいけちゃうな。我々も突き詰めたらそこそこジャーナリズムやからね」

この番組では武田鉄矢氏が、三浦瑠麗氏ら出演者による安田さんへの否定的な見解が続く中で「俺はまだ行ってほしいですね。もう一回、何回でも」と擁護していたのが印象に残った。

一一月二日朝刊のテレビ番組欄を見ると、テレビ東京を除く在京キー局は安田さんの記者会見時間帯の前後の番組で取り上げることを予定していた。

日本テレビ「安田さん四〇カ月拘束生活とは？　噴出する自己責任論に何語る？」（ミヤネ屋）

テレビ朝日「安田純平さんが生出演　拘束生活と自己責任論」（Jチャンネル）
TBS「速報……安田氏が会見〝自己責任〟何を語る四〇カ月の拘束生活とは」（ひるおび！）
フジテレビ「安田純平さん帰国後初の会見！　三年四カ月の実態は？〝自己責任論〟何語る」（バイキング）

安田さんの記者会見でテレビの「自己責任論」報道は頂点に達するが、結局のところ、自らも密接に関係するはずの危険地取材に当たっての自己責任論はいつまでも他人事のようで、各局の姿勢はわからなかった。

ところで、外務省がシリア全土を二〇一一年四月から退避勧告の対象としていたときに起こった拘束事件とは言え、警視庁公安部が帰国した安田さんから事情を聞いたように、そもそも安田さんは、国外犯規定もある刑法の略取誘拐、逮捕監禁に当たり得るような犯罪の被害者なのだ。

安田さんが一一月二日の記者会見で謝罪したことに対して「国境なき記者団」は四日後の六日に「紛争下にある国々の現場にジャーナリストがいなくては、世論は偏った情報に頼らなくてはいけなくなる。安田さんが謝罪を強いられたことは受け入れがたい」とする声明を出した。一一月九日にあった日本外国特派員協会での会見では記者団の声明を引き合いに出し、「民主主義な社会においてはコントロールされる情報ではなくて、現場の直の情報を伝えるということがジャーナリストの仕事だと思う。本当に謝罪をする必要があると考えられているのか」との質問も出ている。安田さんは「ジャーナリストの仕事が政府であったり権力にコントロールされるものではないということについて全面的に賛成する。私自身の行動に幾つかのミスがあったことは間違いない。ご批判をいただくに当たっておわび申し上げますということを申し上げている」と述べた。

そもそも安田さんは謝罪の必要などないというのだ。国際社会からみると、自己責任論が湧き出る日本社会のジャーナリズム観は歪んで見えるに違いない。

実はシリアのように内戦下にあり、外務省が退避勧告を出している国での取材には読売や産経は厳しく批判してきた経緯がある。例えば、朝日新聞記者が一五年一月にシリア入りし、ルポを掲載した。これに対して、読売、産経は批判的な記事を掲載している。読売は一月三一日の夕刊で外務省が「日本新聞協会などに対し、シリアへの渡航を見合わせるよう強く求めていたが、……」と言及。さらに世論調査を実施し、危険地域で事件に巻き込まれた場合、「自己責任」とする意見について尋ね、「その通り」とする回答が八割を越えたことを二月七日朝刊で伝えている。産経は二月一日朝刊で、匿名の外務省幹部による「記者も当事者意識を持ってほしい。非常に危険で、いつ拘束されてもおかしくない」との批判的なコメントを紹介した。

一五年二月に、新潟市のフリーカメラマン、杉本祐一氏がシリアへの取材を計画した。これを知った外務省は杉本氏に旅券法に基づく旅券の返納を命じた。杉本氏はやむなく返納に応じ、シリア取材を断念せざるを得なくなった。杉本氏は一五年七月に憲法が保障する渡航や報道の自由が侵害されたとして、返納命令の取り消しを求めて東京地裁に提訴。一審・東京地裁判決は「渡航の自由は公共の福祉のために制約を受ける」などと指摘し、渡航を中止させた判断は合理的だとして杉本氏の請求を棄却し、二審・東京高裁も支持した。一八年三月に最高裁第一小法廷（木沢克之裁判長）は上告を退け、杉本氏の敗訴が確定した。杉本氏に対して、外務省が一五年四月に再発給した旅券は、イスラム国の支配地域があるシリアとイラクへの渡航制限があった。渡航の自由、取材の自由を制限する大きな問題だが、外務省が今後、安田さんにも同様の制限をしないとも限らない。

外務省の返納命令に対しても読売と産経は社説を掲載し、外務省を支持した。読売の一五年二月一一日社説「シリアの危険考えれば妥当だ」は、「憲法が保障している渡航や報道の自由は、最大限尊重されるべきだ。しかし、イスラム国は、邦人の人質二人を冷酷に殺害したうえ、今後も日本人をテロの標的にする、と公言したばかりである。外務省が、渡航を中止するよう説得を重ねたうえ、本人が応じないため、旅券を返納させたのは妥当だ。一民間人が自らの安全を確保できると考えていたら、認識が甘く、無謀だと言わざるを得ない」。産経も同日の主張（社説）で「邦人保護は国の責務だ。渡航先の危険が明らかである以上、法律に基づき国が旅券返納命令を出したことは妥当だろう。感情的な自己責任論に依拠することなく、国が国民を守る意思を示したものと受け止めたい」と支持する姿勢を明らかにした。

これらの出来事の直前、一五年一月に安倍首相はカイロでの会議で「イラク、シリアの難民・避難民支援、トルコ、レバノンへの支援をするのは、ＩＳＩＬ（イスラム国）がもたらす脅威を少しでも食い止めるためです。地道な人材開発、インフラ整備を含め、ＩＳＩＬと戦う周辺各国に、総額で二億ドル程度、支援をお約束します」と演説。これに反発した、過激派組織「イスラム国」は、身柄を拘束していた、湯川遙菜氏（四二）と、ジャーナリストの後藤健二氏（四七）の二人の身代金（二億ドル）を七二時間以内に支払わないと殺害すると警告したビデオを公開。「I am Kenji」のスローガンが世界各地で広がる中で、湯川氏は一月二五日、後藤氏は二月一日に処刑されたことがラジオや動画サイトへの投稿を通じて発表された。見ようによっては処刑のスイッチを押したのは、日本政府自身だった。苦境に立たされた安倍政権にとって、読売や産経の支持表明は、さぞ有り難かったことだろう。

産経も「国は自国民の安全や保護に責任」

安田さんの事件では両紙によるあからさまな批判は見当たらない。むしろ産経は一〇月二五日主張「安田さん解放　テロに屈してはならない」で「危険を承知で現地に足を踏み入れたのだから自己責任であるとし、救出の必要性に疑問をはさむのは誤りである。理由の如何を問わず、国は自国民の安全や保護に責任を持つ」と書いている。

編集上の方針の転換があったのだろうか。

そのヒントは朝日新聞が運営する「WEB　RONZA」に石川智也記者が寄稿した「安田純平さんが帰ってきた」（一〇月二六日）での指摘にあるように思う。それは、菅官房長官が一〇月二三日の記者会見で言及した「国際テロ情報収集ユニット」の存在だ。湯川・後藤の両氏が処刑された年、一五年一二月に外務省に設置された、国際テロに関する情報収集を行うための新組織として約二〇人で発足し、現在は九〇人ほどに膨れ上がっているらしい。日本政府がシリアの反体制派とのパイプを持つカタールとトルコへの交渉を強めたのは一八年七月以降という。同月、銃を持った覆面の男二人に囲まれ、オレンジの囚人服を着た安田氏が日本語で自分の名前を「ウマル」と名乗り、韓国人だとして「とてもひどい環境にいます。今すぐ助けてください」と呼びかける約二〇秒の動画がインターネットに投稿されている。

石川記者は「日本政府がそれまでの三年間にどれだけ救出に力を尽くしていたのかは、不明だ」とし、「『寝耳に水』のような一〇月二三日夜の政府関係者の慌ただしい動きを考え合わせると、シリア内戦の状況変化という主因の『棚ぼた』を、ここぞとばかり『ユニット』の活躍アピールに使ったようにしか見えない」と推測している。菅長官は「官邸を司令塔とする国際テロ情報ユニットを中心にカタールやトルコに働きかけた結果だ」と解放の経緯を述べていた、

先に紹介した産経の「主張」の軸は「自己責任論」批判というよりもユニットの機能強化にあった。「主張」は、「外務省や防衛省、警察庁、公安調査庁などの職員からなる実動部隊で、将来的には情報機関としての独立も視野に入る。今回の事件にも象徴されるように、テロは遠い世界の出来事ではない。テロに強い国へ、体制や法の整備も急ぐべきである」と結んでいる。何のことはない。いわゆる政府の政策の後押し記事なのである。

安田さんは会見で自分が紛争地に取材に再び行くかどうかを問われて「全く白紙」と述べていた。しかし、取材の必要性、重要性についての言及は忘れなかった。

〈国家と国家が争う場合、国家が武力を行使する場合について、国家というのは原則として人の命を守る存在であると思いますが、戦争というのは国家が人を殺すという決定をすることです。われわれ国民はそれでよいと判断するのか否か。そのための判断材料は当事者から提供されるものだけでなく、第三者から提供されるものがあるべきだと考えています。難民が出てくるとか、めぐりめぐって日本にも影響があるもの、直接軍隊を送ったりとかでなくても、地球上で、紛争なりが起きている場所があれば、そこで起きていることを見に行く、現地に入るジャーナリストの存在が絶対的に必要であるというのが私の感覚です〉

安田さんの訴えがこの日、記者会見場に詰めかけた三八六人（日本記者クラブ発表）の記者の間では共有されたと信じたい。

■新聞労連委員長「記者同士のネットワークをつくりたい」

官房長官会見での取材制限の動きについて語る南彰・新聞労連委員長（当時は朝日新聞記者）＝2017年12月14日、東京・神田神保町の専修大学で

日本新聞労働組合連合（新聞労連）の新委員長に朝日労組出身の南彰氏（三九）＝政治部＝が一八年九月二六日に就任した。「森友・加計学園」問題をめぐる菅義偉官房長官の記者会見では理詰めで迫る南氏の質問に、菅氏はしばしばたじろいだ。新聞労連は何を目指そうとしているのか。南

委員長にインタビューした。

——委員長の任期（二年）中に取り組もうとしているテーマは何ですか。

南　委員長を引き受けた動機ともかかわるが、記者同士のネットワークづくりを進めたいと思っている。二〇一七年には菅官房長官の記者会見で追及する記者に対して、官邸側はもちろんインターネットだけでなく、あらゆるところから誹謗中傷があり、殺害予告にまで発展した。一番の当事者は、『東京（中日）新聞』社会部の望月衣塑子記者だったが、私もその一人だった。

菅官房長官は望月記者が質問するようになって記者会見の環境が変わり、ナーバスになった。それは官房長官番の記者もだ。政府にかかわる森羅万象について長官に裏取り取材を求められる番記者には、記者会見での丁々発止だけでなく、最後は携帯電話に長官が出るか出ないかということも含めてのしんどさもある。番記者が取材環境を壊されたと言いたくなる気持ちも、私自身が民主党政権の野田佳彦内閣で、藤村修官房長官番を一年三カ月間したのでわかる。しかし、安倍政権では各省庁から官邸に権限を吸い上げて職員も大幅に増やしながら、説明機会だけは変わらないどころか、首相会見もなし崩し的に少なくなるなど公での取材機会がどんどん減らされている。「二回行われている定例会見は一回にするべきだろう。減らした一回分は官房副長官や内閣広報官などが政府の見解を述べればよい」と言い出すベテラン政治記者もいる。

より重要度が高まる官房長官会見が丁々発止する場だという一線は決して崩してはいけないにもかかわらず、官房長官の記者会見では質問を規制するなどの取材制限にまで発展した。私が一八年九月の自民党総裁選まで取材を続けられた背後には、小林基秀・前委員長（北海道新聞労組出身）と、新崎盛吾・元委員長（共同通信労組出身）らによるこの間の応援が、精神的な支えがあった。記者が前に一歩踏み込んだ取材をしようとしたときに起きる攻撃や不条理に対しては、しっかりとサポートできるネットワークが必要だと感じた。

——国連人権理事会から特別報告者に任命されたデビッド・ケイ米カリフォルニア大学教授が二〇一七年に出した報告では、日本には記者の連帯組織がないことが指摘されました。

南　連帯組織がないことは、国境なき記者団が毎年発表する「報道の自由度ランキング」で日本が低迷している要因の一つになっていると思う（一八年は、一八〇カ国・地域のなかで六七位。主要七カ国では最下位）。

一七年六月、もともと面識のなかった望月記者に私からメールを出したのは、菅官房長官が望月記者の質問内容が悪いから答えないと言い出し、記者を分断、孤立化させることで追及の流れを断ち切って逃げ切ろうとしているように感じたからだ。官房長官番の経験からも問題のない質問だった。頑張ってくださいーーと伝えたかった。

その後、望月記者を支えるメンバーから、海外事例を元に、記者の連帯組織づくりを勧められていた。しかし、個人が呼びかけたところで果たして記者は集まるのか。継続的に運営できるのかなどの不安があった。新聞労連には約二万人の組合員がいて事務局もある。組織率も高い。新聞労連がこれまで培ってきたネットワークを磨き直すことでその母体となり得ると思う。自分たち自身の問題として「報道の自由」を取り戻す方向性を打ち出したい。

――新聞は、アジア太平洋戦争に協力した反省から戦後は、二度と戦争のためにペンをとらないと誓って再出発しました。安倍政権下での憲法改正など難しい問題を任期中に迫られることになりそうです。

南　安保法制や特定秘密保護法に反対だと主張していくことは大事だと考えるが、組合員には浸透しきれていない。新聞労連としてスローガンを唱えるだけでなく、現場の記者が例えば「改憲案はおかしい」と思ったときに「おかしい」と言っても不利益を被らないような職場環境をつくり、支えていく仕組みが重要だ。それが結果的に不幸な歴史を繰り返さないことにつながっていくと思う。記者は権力と市民のメディア不信と攻撃にさらされているが、記者が連帯し、不安なくチャレンジできる取材態勢づくりが「一強」の政治システムに対抗しうる道だ。

あとがき

本書は、二〇一七年初めに出版した『検証アベノメディア　安倍政権のマスコミ支配』（緑風出版）で記した後に報道界の周辺で起きた出来事を主に取り上げた。同書では「恫喝」と「懐柔」によって安倍政権がマスコミを支配しようとしている状況全体を「アベノメディア」と名付けたと説明した。いまや、日本の表現・報道の自由の状況への懸念を示した国連人権理事会の特別報告者、デビット・ケイ氏による報告を、安倍政権と足並みを揃えるように保守系メディアも批判するという相互の協力関係が出来上がってしまった。また、国連人権理事会の特別報告者、デビッド・ケイ氏の報告書には元朝日記者の植村隆氏に対するバッシングも取り上げられている。「特別報告者は、特に、植村氏に対する保護の提案にもかかわらず、日本の政府当局が、植村氏及び同氏が所属する機関が被った複数の攻撃に対する明確かつ一貫した批判をずっと表明できず、また、この問題に関する独立した報道活動の重要性を認識しなかったことを懸念している」。二年前よりもアベノメディアの事態は深刻化している。

ただ、今回は触れられなかった重要な裁判がある。二〇一八年、朝日新聞社が被告となった三つの訴訟すべてで同社の勝訴が確定したのだ。この裁判は、一五年に起きた集団訴訟で、原告は①「朝日新聞を糺す国民会議」の呼びかけに応じた杉田水脈衆院議員、渡部昇一・上智大学名誉教授（故人）ら二万五七二二人＝東京地・高裁。②「朝日新聞を正す会」が呼びかけた朝日読者を含む四八二人＝東京地・高裁・最高裁、甲府地裁。③「慰安婦」像が設置された米グレンデール市近郊など海外在住の日本人ら二五五七人＝東京地・高裁――の三グループだ。原告の主張は、朝日は①国民的人格権、名誉権を毀損した、②読者や国民の知る権利を侵害した、③誤った事実を世界に広めた。国連勧告や慰安婦碑・像が設置され、原告の名誉が侵害され、嫌がらせを受けた――というものだ。一四年八月に朝日が一部の「慰安婦」記事を取り消したことがきっかけだ。

①から③にかかわる八つの判決・決定のすべてで原告の請求は退けられ、朝日側の完全勝訴だった。例えば①の確定判決で東京高裁（一七年九月）は「個々人の客観的な社会的評価たる名誉が毀損されたとまで認めることはできない」と判断した。これらの一連の判決はもっと知られていいと思う。

「フクシマについて、お案じの向きには、私から保証をいたします。状況は、統御されています。東京には、いかなる悪影響にしろ、これまで及ぼしたことはなく、今後とも、及ぼすことはありません」（公式日本語訳）。二〇一三年九月七日、アルゼンチンのブエノスアイレスで、安倍首相が行った東京五輪誘致演説の一文だ。英語で「アンダーコントロール」と豪語した東京電力・福島第一原発事故だったが、今日もなお廃炉スケジュールが不透明ななかで、特定秘密保護法も通そうとするような安倍首相が一八年九月の自民党総裁選で三選（任期は二一年九月）を果たし、安倍首相の時代に二〇二〇年を迎えることになろうとはいくらなんでもないだろうと当時は、漠然と思っていた。これからも「東京五輪」、そして二〇二五年の「大阪万博」を錦の御旗に不合理なことがどんどんまかり通るかもしれない。

そうした状況下にありながら、日本の社会は安倍政権のマスコミ支配や情報隠しに抗おうとする人たちをまだまだ大勢抱えていると思う。本書は、そうした人たちの目を通じてジャーナリストや市民が果たすべき役割について考えようという狙いだったが、論点をうまく提示できたかどうかは分からない。手に取っていただいた読者の判断に委ねるしかないが、内容に物足りなさを感じたとすれば、ひとえにそれは私の実力不足にある。

最後になるが、忙しい仕事の合間に快く取材に応じてくれた関係者の方々には心からの感謝を申し上げたい。本書に登場する方々への取材・執筆の機会をいただいた伊田浩之氏（『週刊金曜日』副編集長）、岩崎貞明氏（『放送レポート』編集長）、柴田慶子氏（『労基旬報』編集長）、矢後政典氏（日本民間放送連盟編集部）にもお礼を言いたい。また、執筆を勧めてくれた、緑風出版の高須次郎氏には大変、感謝している。お声掛けがなければ、重い腰はなかなか上がらなかった。そして、編集では、斎藤あかねさんと高須ますみさん、校閲では、毎日新聞の石川雅之さんにお世話になった。

二〇一八年一二月

臺　宏士

[著者略歴]

臺　宏士（だい　ひろし）

1966年、埼玉県生まれ。早稲田大学卒。

1990年から『毎日新聞』記者、2014年フリーのライターに。メディア総合研究所の機関誌『放送レポート』編集委員。

著書に『検証アベノメディア　安倍政権のマスコミ支配』『危ない住基ネット』『個人情報保護法の狙い』（いずれも緑風出版）。共著に『エロスと「わいせつ」のあいだ　表現と規制の戦後攻防史』（朝日新書）『フェイクと憎悪　歪むメディアと民主主義』（大月書店）『秘密保護法は何をねらうか』（高文研）など。

アベノメディアに抗《あらが》う

2019年1月30日　初版第1刷発行　　定価2000円＋税

著　者　臺　宏士©
発行者　高須次郎
発行所　緑風出版
〒113-0033　東京都文京区本郷2-17-5　ツイン壱岐坂
［電話］03-3812-9420　［FAX］03-3812-7262［郵便振替］00100-9-30776
［E-mail］info@ryokufu.com［URL］http://www.ryokufu.com/

装　幀　斎藤あかね　　イラスト　Nozu
制　作　R 企 画　　印　刷　中央精版印刷・巣鴨美術印刷
製　本　中央精版印刷　　用　紙　中央精版印刷・大宝紙業　　E1200

ISBN978-4-8461-1821-1　C0036